Yale Linguistic Series

Twenty Lectures on Chinese Culture

An Intermediary Chinese Textbook

by Parker Po-fei Huang
Richard I. Feng Chang, Howard H. Chao, Linda T. Hsia,
Yen-chan Wang
The Institute of Far Eastern Languages

New Haven and London, Yale University Press

PREFACE

This Chinese language textbook has been written with a dual purpose: to increase the student's proficiency in the language and to introduce him to certain cultural insights, simultaneously providing him with the linguistic equipment—both vocabulary and sentence structure—to understand and express these insights. The text itself, a series of lectures, offers guidance to the student in applying the basic structure of spoken Chinese which he has already acquired to practice in delivering and understanding formal discourse, and to participating in discussions on subjects related to Chinese culture. The content of each of the twenty lectures focuses on a single aspect of Chinese culture. The Vocabulary, Romanized Text, and Character Text for each lecture appear in the textbook volume; the corresponding Vocabulary Drill Part I, Questions, and Vocabulary Drill II make up the exercise book (a separate volume).

Altogether 1,070 vocabulary items are introduced, each lecture averaging 55 items. Of the new items, 85 percent are words of high frequency, 10 percent are common terms pertaining to the subject of the lecture, and 5 percent are proper nouns and technical terms. In the Vocabulary Drills the new items are brought together with old ones in the phrases and sentences for translation. The vocabulary frequency has been controlled so that each item appears at least three times in the exercise of each lecture. Questions of two types—those based on the subject matter of the text and those leading to discussions on culture in general—appear in the question exercises.

The book assumes a grasp of the vocabulary and sentence structures introduced in M. Gardner Tewksbury's Speak Chinese, 1948, and Fred Wang's Chinese Dialogues, 1953 (both Far Eastern Publications, New Haven), but the teacher should experience no difficulty or inconvenience using it with students who have had equivalent preparation in elementary spoken and written Chinese. Each teacher will probably wish to make somewhat different classroom utilization of the materials, which have been planned to afford flexibility of adaptation to various student needs and interests.

The authors are pleased to express their gratitude to the U.S. Office of Education for extending the financial support which has made possible both the preparation of the various stages of the manuscript and its publication in the present form. They also thank their colleagues at the Institute of Far Eastern Languages (where earlier versions of the materials have been used experimentally in the classroom for some time: the students also deserve thanks!), particularly Raymond L. Scungio and Richard T. Thompson, who contributed to the development of the materials in many ways, and Roy Andrew Miller, the Director of the Institute.

New Haven, Connecticut
March 31, 1966

CONTENTS

RECOMMENDED CLASSROOM PROCEDURE

Each lecture should occupy four classroom hours. The schedule suggested below is based on the assumption that the teacher will have prepared tapes containing the following items for each lecture, to be used by the students individually, outside of the classroom, for oral and comprehension drill:

Part 1. A reading of the lecture itself.

Parts 2, 3, 4. The corresponding materials from the exercise book: Vocabulary Drill I, Questions, and Vocabulary Drill II.

First hour: Quiz on vocabulary taken from Vocabulary Drill I (five minutes). Questions on the text, with open books.
Preparation: Listen to Part 1 (Lecture) and Part 2 (Vocabulary Drill I) of the tape.

Second hour: Questions on the text with books closed. All students should take part in the discussion.
Preparation: Listen to Part 3 (Questions) of the tape and prepare answers. Listen again to Parts 1 and 2 to become familiar with the vocabulary and factual matter.

Third hour: Students deliver lectures. After teacher has corrected mistakes, students should discuss each lecture.
Preparation: Half of the students plan five- to eight-minute lectures, based on the subject matter of the lesson and using the vocabulary presented in it. The other half do transcription: using Part 4 of the tape, they transcribe the fifty phrases and sentences into characters (an ideal exercise for students who have learned to read and write them) or are given other appropriate instructions for using this material.

Fourth hour: Student lectures continue. Transcriptions are called in, and dictations based on them are conducted. Perforated sheets are given out from exercise book; students will later check their own papers.
Preparation: Same procedure as for third hour, with the groups reversed.

For a class that devotes ten hours per week, two hours per day, to these materials, in order to distribute the homework proportionately, the following schedule is recommended:

Monday	Tuesday	Wednesday	Thursday	Friday
General Introduction	Lecture 1 Second hour	Lecture 1 Fourth hour	Lecture 2 Second hour	Lecture 2 Fourth hour
Lecture 1 First hour	Lecture 1 Third hour	Lecture 2 First hour	Lecture 2 Third hour	Lecture 3 First hour

ABBREVIATIONS OF WORD CLASSES

A	Adverb
AT	Attributive
AV	Auxiliary Verb
BF	Bound Form
CV	Coverb
EV	Equative Verb
IE	Idiomatic Expression
M	Measure
MA	Movable Adverb
N	Noun
NU	Number
P	Particle
PH	Phrase
PN	Pronoun
PV	Postverb
PW	Place Word
RV	Resultative Verb
RVE	Resultative Verb Ending
SP	Specifier
SV	Stative Verb
TW	Time Word
V	Verb
VO	Verb Object

DESCRIPTION OF USAGE

1. Verbial Expressions

1.1 Stative Verbs (SV) express a quality or condition, and never take an object. They may be preceded by the adverb hěn 'very.' A stative verb may function:

    a. As a predicate:

        Jèibèn shū hǎu.
        This book is good.

    b. As a noun modifier (with or without the particle de) like an English adjective:

        Wǒ yàu hǎu shū.
        I want a good book.

Certain stative verbs which function only as noun modifiers (with optional de) and cannot be preceded by the adverb hěn 'very' are known as attributives (AT).

| sẓlì (de) sywésyàu | private school |
| réndzàu sẓ | artificial silk |

1.2 Functive Verbs (V) denote actions; they may take objects.

        Wǒde péngyou yǒu shū.
        My friend has some books.

        Sywésheng méilái.
        The students didn't come.

        Nèige pùdz mài shū.
        That store sells books.

1.3 Equative Verbs (EV) stand between nouns or nominal expressions, connecting and equating them. The most common Equative Verb is shṛ 'be' in the sense that one thing is (the same thing as) another; others in everyday use are jyàu 'be called or named,' syìng 'be surnamed,' and děngyú 'is (mathematically) equal to.'

        Tā shṛ wǒde péngyou.
        He is my friend.

        Jèige háidz jyàu Gwóyīng.
        This child's name is Gwoying.

        Tā syìng shémma?
        What is his surname?

        Yī jyā yī dengyú èr.
        One plus one equals two.

1.4 Coverbs (CV). The term coverb refers not to a separate class of verbs but rather to a separate function of functive verbs. A coverb always has an object and is never separated from it; together with the object, the coverb acts as a modifier of the main verb.

> Wǒ yùng kwàidz chr̄fàn.
> I eat with chopsticks.

> Shéi gěi nǐ dzwòfán?
> Who will cook for you?

1.5 Postverbs (PV). Dàu 'arrive, to,' dzài 'at, in,' gěi 'give,' and occasionally other verbs may be suffixed to functive verbs to indicate certain relationships. The resulting compound requires an object, just as a coverb does. A verb used in this way is called a postverb.

> Tā jùdzai Nánjǐng.
> He lives in Nanking.

> Wǒ sùnggěi tā yìběn shū.
> I gave him a book (as a gift).

> Wǒmen nyàndau jèr.
> We have read up to here.

1.6 Resultative Verbs (RV). Many verbs are compounded with a second verb which indicates the result of the action of the first verb. The second verb in such a compound is called Resultative Verb Ending (RVE). A simple compound of this type indicates the actual result; the same compound with de 'be able to, can' or bù 'not' inserted between the verbs indicates potential or negative results.

> Nǐ kàndedǔng jèiběn shū ma?   kan 'read,' dung 'understand'
> Do you understand this book?

> Wǒ kànbudǔng, tā kàndedǔng.
> No, I don't (understand), but he does (understand).

> Nǐ chr̄bǎule ma?   chr̄ 'eat,' bǎu 'full, be satiated'
> Have you had enough?

> Wǒ chr̄bǎule.
> Yes, I do.

1.7 Auxiliary Verbs (AV). An auxiliary verb immediately precedes the verb which it aids. When the context makes the meaning clear, the main verb is often omitted, as in English.

> Wǒ kěyǐ jìnlai ma?
> May I come in?

> Kěyǐ.
> You may.

> Tā syǐhwan wár ma?
> Does he like to play?

> Tā syǐhwan.
> Yes, he does (like).

1.8 Adverbs modify verbs or other adverbs. The fixed adverbs (A) immediately precedes the verb it modifies. The movable adverb (MA) must likewise precede the verb but may be separated from it by the subject of the sentence. Most monosyllabic adverbs are fixed.

> Wǒmen dōu aì chř Jǔnggwo fàn.
> We all like eat Chinese food.

> Yésyu tā búài chř. or Tā yésyu búài chř.
> Perhaps he doesn't (like to eat).

1.9 Verb-Object Compound (VO). Certain Chinese verbs always occur with a noun object of closely connected meaning directly after them. These combinations, called verb-object compounds, generally correspond to single verbs in English.

VO	Lit. Trans.	Normal Trans.
chřfàn	eat food	eat
shwèijyàu	sleep sleep	sleep
chànggēr	sing songs	sing
shwōhwà	speak speech	speak

2. Nominal Expressions

2.1 Nouns (N) are words which can be preceded by the combination specifier-number-measure (SP-NU-M) or some portion of it. A noun may function as the subject or object of a verb or as a modifier of another noun.

2.2 Measures (M) are bound forms (see 4 below) which can be preceded by a number (NU), a specifier (SP), or some other indicator of quantity. Together with its NU and/or SP, a measure functions as a noun. Many nouns may also be used as measures.

> yíge   one (of something)
> yìben shū   one book
> yìhú jyǒu   a pot of wine

2.3 Numbers (NU) are essentially counters. In simple counting or in lists, numbers are free forms. Elsewhere they are bound forms and must be followed by a measure.

> lyǎngge   two (of something)
> bànkwai chyán   half of a dollar

2.4 Specifiers (SP) are noun modifiers that make the noun refer to a specific thing or things ('this' and 'that' for example). They can stand before the combination NU-M-N or any portion of it.

> jèi(yi)ge   this one
> Nèisżben shū   those four books

2.5 Pronouns (PN). Pronouns in Chinese are a small group of words used to replace nouns after their first occurrence in a context: wǒ 'I, me,' nǐ 'you,' tā 'he, she; him, her,' wǒmen 'we, us,' nǐmen 'you (plural),' tāmen 'they, them.' The particle de may be added to pronouns to make them possessive.

> wǒde   my, mine
> wǒmende   our, ours

2.6 Place words (PW) are indicators or names of places. Like nouns, they
may function as the subject or the object of the verb.

> Jùnggwo shr̄ yíge dà gwó.
> China is a big country.

> Wǒ jùdzai jèr.
> I live here.

> Lǐtou bǐ wàitou hǎu.
> The inside is better than the outside.

2.6.1 A noun can be used as a PW by adding a positional suffix or localizer
(shàng 'on,' lǐ 'in,' or the like):

> jwōdzshang   on the table
> wūdzli   in the house

2.7 Time words (TW), which denote days, months, years, and other times,
have the same uses as place words.

> Jǐntyān shr̄ lǐbàisān.
> Today is Wednesday.

> Jǐntyān wǒ bùnéng chyù.
> I can't go today.

3. Particles (P). Particles have no denotative meanings, but only grammatical
functions. There are two general categories:

a. The interrogative particles, ma, a, ba, and ne, which mark various
types of questions:

> Nǐ chr̄ Jǔnggwo fàn ma?   Do you eat Chinese food?

> Nǐ chr̄ Jǔnggwo fàn a?   So you eat Chinese food?

> Nǐ chr̄ Jǔnggwo fàn ba?   You probably eat Chinese food,
>   don't you?

> Nǐ chr̄ Jǔnggwo fàn, háishr   Do you eat Chinese food or
> chr̄ wàigwo fàn ne?   foreign food?

b. Aspect particles which follow verbs and add certain shades of meaning
to the verb action.

> Tā syàndzai hǎule.   He is well now (as contrasted
> (change of status)   with formerly).

> Wǒ chr̄le fàn le.   I have (already) eaten.
> (completed action)

> Tā shr dzwótyan láide.   He came yesterday.
> (emphasis on attendant
> circumstance rather
> than the action itself)

> Tā shwèijejyàu ne.   He is sleeping.
> (continuing action)

> Nǐ bǐje yǎnjing jǎu, jǎubujáu. You cannot find it with your
> (accompanying action)   eyes closed.

Wǒ méichr̄gwo Jūnggwo fàn.   I haven't ever eaten Chinese
(previously experienced   food.
action)

4. Bound forms (BF) are elements which cannot be used as free, independent
   words, but always appear in combination with other elements.

dz   as in   jwōdz 'table'   (jwō 'table')

nán   as in   nánren 'man'   (rén 'man,' nán 'male')

nyǔ   as in   nyǔren 'woman'   (rén 'man,' nyǔ 'female')

THE PEOPLE AND THE CULTURE

VOCABULARY

1.	jyǎng	講	M:	lecture
2.	láiywán	來源	N:	origin, source
3.	chángjyǒu	長久	SV:	be long (in time)
4.	gwójyā	國家	N:	country, nation
5.	kāishř	開始	A/FV/N:	start, begin/start, begin/start, beginning
6.	shwōfa	說法	N:	hypothesis, theory, interpretation
7.	kěkàu	可靠	SV:	be reliable, dependable
8.	gēnjyu	根據	FV/N:	based on/basis
9.	fāsyàn	發現	FV/N:	discover/discovery
10.	Běijīngrén	北京人	N:	Peking Man (a type of primitive man of about 475,000 B.C. whose fossil remains were found near Peking, China, in 1929)
11.	hé	和		and (used between nouns)
				Jūnggwo he Měigwo (China and the United States)
12.	Jyòushŕchìshŕdài	舊石器時代	N:	Paleolithic Age (Old Stone Age)
13.	Syīnshŕchìshŕdài	新石器時代	N:	Neolithic Age (New Stone Age)
14.	jèngmíng	證明	FV:	prove
15.	hén dzǎu yǐchyán	很早以前	TW:	a long time ago, ages ago
16.	sywéjě	學者	N:	scholar
17.	rènwéi . . .	認爲		consider that . . .
				Wǒ rènwéi jèige wèntí hen jřde yánjyou. (I consider this problem well worth studying.)
18.	syàndài	現代	AT:	modern, present-age
19.	dzǔsyān	祖先	N:	ancestor
20.	gāuywán	高原	N:	plateau
21.	Hwánghé	黃河	N:	the Yellow River

22.	yǒujr̀syu	有秩序		SV:	be in order, orderly
22.1	jr̀syu	秩序		N:	order
23.	fājǎn	發展		FV/N:	develop; spread/development
24.	bǐtsž	彼此		A:	mutually, . . . each other

bǐtsž bāngmáng
(help each other)

25.	sywésyí	學習		FV:	learn
26.	yóu	由		CV:	from (interchangeable with 'tsúng' 從)

yóu 1945 nyán dau syàndzài
(from 1945 up to now)

yóu jer kāishr̆ (start from here)

27.	yǔyán (M: jǔng)	語言 (M；種)	N:	language
28.	wéndz̀ (M: jǔng)	文字 (M；種)	N:	written language
29.	yúshr̆	於是	MA:	thereupon, then

Yúshr̆ tā dzǒu le.
(Then he left.)

30.	syíngchéng	形成	FV:	become, form into, shape into

syíngchéng yìjǔng wénhwà
(become a culture)

31.	swo V de	所…的	'swǒ' plus a verb is usually translated into a relative clause in English introduced by 'who' or 'that which'. Such a clause when followed by the colloquial particle -'de' may modify the following noun.

swǒ mǎi de dūngsyi
(the item that is purchased)

swǒ dēng de gwǎnggàu
(the advertisement which is inserted)

32.	Shāngcháu	商朝	N:	Shang Dynasty (1766–1122 B.C.)
32.1	cháu	朝	M:	dynasty
33.	yǎng	養	FV:	raise, keep (animals)
34.	jū	猪	N:	pig
35.	dzàu	造	FV:	build, manufacture
36.	Jōucháu	周朝	N:	Chou Dynasty (1122–256 B.C.)
37.	Chángjyāng	長江	N:	Yangtze River

38. ... yǔ (or hé, or   與（和跟）之間   between ...
    gēn) ... jřjyān

Měigwo yǔ Yīnggwo jřjyān de
jyāutūng fēicháng fāngbyan.
(Communications between
America and England are very
convenient.)

38.1 ... jřjyān   ⋯之間   BF: between; among

péngyǒujřjyān
(between friends)

39. hépíng   和平   A/N: peacefully/peace

40. nǔlì   努力   A/SV: industriously/be industrious

41. gūngdzwò   工作   FV/N: work/work

42. jìnbù   進步   N/SV: progress/be advanced, well de-
veloped

43. jyǎng   講   FV: observe, pay special attention
to

jyǎng lǐmàu
(pay special attention to man-
ners)

44. lǐjyé   禮節   N: etiquette; ritual

45. byànchéng   變成   FV: become, change into, transform
into

46. rénmín   人民   N: people (the members of a race
or a country)

47. tèsyìng   特性   N: characteristics

48. Hàndzú   漢族   N: the Han people

48.1 Hànrén   漢人   N: the Han people

48.2 dzú   族   M: tribe, race

49. míndzú   民族   N: nation(in the sense of the people),
a people

50. jàn   佔   FV: constitute

51. chywán   全   SV/A: be complete, whole, entire/en-
tirely, all

52. ... yǐshàng   以上   more than, over

Shŕkwaichyán yǐshàng jyou byé
mǎi le.
(If it costs more than ten dollars,
don't buy it.)

52.1 yǐshàng   以上   AT: above

Yǐshàng jèisye wèntí dōu shr
nèiběn shūshangde.

				(All those questions above are from that book.)
52.2 ... yǐsyà	以下			less than, below, under
				Shŕlyòuswei yǐsyà de kéyi bubǐ mǎi pyàu. (Children under 16 are free.)
52.3 yǐsyà	以下		AT:	below
				Yǐsyà jèisye wèntí wǒmen míngtyān dzài shwō ba. (We'll talk about those problems below tomorrow.)
53. rénshu	人數		N:	number of people
54. shǎushù míndzú	少數民族		N:	national minority
54.1 shǎushù	少數		N:	minority
55. dzwèijìn	最近		TW/AT:	recently/most recent
56. ... (yi) lái	(以)來			the last ...
				jèi jǐnyán lái (the last few years)
				jèi sānge ywè yilái (the last three months)
57. shòu jyàuyu	受教育		VO:	receive an education
57.1 shòu	受		FV:	receive (such as education and training)
58. chítā	其他		AT:	other
58.1 chítāde	其他的		N:	others, the rest (either use as the subject or transposed object)
				Chítāde bùsyíng. (The rest won't do.)
				Chítāde wǒ buyàu. (I don't want the rest.)
59. tídau	提到		FV:	mention, bring up
59.1 tí	提		FV:	mention
60. syángsyi	詳細		SV:	be detailed

DÌYĪJYĂNG

Jūnggworen gen Jūnggwo Wénhwà de láiywán

Jūnggwo shr yíge dìfang dà, rénkŏu dwō, chūchăn fēngfù, lìshř chángjyŏu de gwójyā. Jūnggwo wèntí fēicháng jŕde yánjyou, yánjyouchĭlai yĕ fēicháng yŏuyìsz.

Kāishŕ yánjyou Jūnggwo wèntí diyījyàn wŏmen syăng yàu jŕdau de shŕ jyòushr Jūnggworén shr tsúng năr láide? Gwānyú jèige wèntí de shwōfă hen dwō, dzwèi kĕkàu de shwōfa shŕ gēnjyù yĭjyŏuèrjyŏunyan dzài Junggwo bĕibù fāsyàn de Bĕijīngrén, hé hòulái yòu dzài Jūnggwo jūngbù gen nánbù fāsyàn de hěn dwō jyòushŕchìshŕdài gen syīnshŕchìshŕdài lyóusyalai de dūngsyi. Jèisye dūngsyi kéyi jèngmíng hěndzăuyĭchyán dzài jèisye dìfang jyòu yŏu rén le. Hěn dwō sywéjĕ rènwei jèisye rén jyòushr syàndài Jūnggwo ren de dzŭsyān.

Jūnggwode dìlĭ hwánjìng bĕibù, syībù, gen syīnánbù búshr gāuywán jyòushr shān. Dūngbyar shr hăi, wàibyarde ren burúngyi jìnlai. Dzài jèige dżrán hwánjingli, chìhou hău, chūchăn dwō, shēnghwo rúngyi, swoyi dzài nàr jù de ren ywè lái ywè dwō. Sānchyāndwōnyán yĭchyán dzài Jūnggwo Hwánghé fùjìn jù de rén yĭjing shēnghwóde hĕn yŏujŕsyu le, wénhwà ye mànmārde fājănchilaile. Jèisye ren yŏushŕhou gen byéde difang de ren dăjàng, dăwán jàng dàjyā yòu dzài yíkwàr shēnghwo de shrhou jyòu kāishŕ bĭtsž sywésyi. Jèiyàngr yóu Hwánghé mànmār fājăndau Jūnggwo bĕibù, jūngbu gen nánbù. Jèige shèhwèi ywè lái ywè dà, rén ywè lái ywè dwō. Dzài jèige shèhweili shēnghwo de ren, dàjyāde fēngsú, syígwàn, yŭyán, wéndż dōu chàbudwō yíyàng, yúshŕ mànmārde syíng-chéngle women syàndzài swŏ shwō de Jūnggwó wénhwà.

Jūnggwo dzài Shāngcháude shrhou yĭjing jŕdau yăng nyóu, yăng jū, érchyĕ yĭjing hwèi dzàu fángdz, dzàu chē, dzàu chwán le. Dàule Jōucháu, Jūnggwo wénhwà fājănde gèng kwài, dìfang gèng da. Dūngbyar dàule hăibyār, nánbyar dàule Chángjyāng. Rénmen yĭjing hwèi yùng túng, tyĕ dzàu dūngsyi. Jèisye dūngsyi women syàndzài dzài jige yŏumíngde bwówùgwánli dōu keyi kàndejyàn.

Jūnggwo tsúng Jōuchau chĭ kāishŕ yŏu sywésyàu. Rén yŭ rén jŕjyàn de gwēi-jyu yĕ dìngchulaile. Dàjyā dōu ànje jèisye gwēijyu dzài yĭkwàr hépíngde shēng-hwó, nŭlìde gūngdzwò. Jīnggwo jichyānnyán de jìnbù he fājăn, ài hépíng, jyăng lĭjyé, néng chŕkŭ, jyòu byànchéngle Jūnggwo rénmín de tèsyìng.

Jūnggworen chúle Hàndzú yĭwài, hái yŏu hěndwō byéde míndzú. Búgwò Hàndzú dzwèi dà, jàn chywán Jūnggwo rénkŏu băifēnjŕ- jyòushrwŭ yĭshàng.

Hàndzú dzài Jūnggwo rénshù dzwèi dwō, gen byéde shǎushù mǐndzú jǐjyān de gwānsyi dwōbàr yé hen hǎu. Gèmǐndzú swéirán yǒude hé Hàndzú de yǔyán, wéndž, fēngsú, syígwàn bùyíyàng, keshr dōu syǐhwan Hàndzúde wénhwà. Tèbyé shr dzwèijìn yìbǎinyan lai, yīnwei jyāutūng fāngbyan, shòu jyàuyu de ren dwōle, Hàndzu he chíta mǐndzú yǐjing chéngle yìjyā, dōu yǒu ài hépíng, jyǎng lǐmàu, néng chřkǔ de tèsyìng.

Wǒmen dzài jèiyìjyǎng tídau sānge wèntí: 1, Jūnggworén shr tsúng nǎr láide. 2, Jūnggwo wénhwà fājǎn de lìshř. 3, Jūnggwo mǐndzú de tèsyìng. Jèisānge wèntí dōu shwōde hen jyǎndān. Syángsyìde chíngsyíng hái děi nǐmen džjǐ chyu yùngsyīn yánjyou.

第一講[1] 中國人跟中國文化的來源[2]

中國是一個地方大，人口多，出產豐富，歷史長久[3]的國家。中國問題非常值得研究，研究起來也非常有意思。

開始研究[5]中國問題第一件我們想要知道的事就是中國人是從那兒來的[6]關於這個問題的說法很多，最可靠[7]的說法是根據[8]一九二九年在中國北部發現的[9]北京人[10]，和後來又在中國中部跟南部發現的很多舊[12]石器時代跟新石器時代留下來的東西。這些東西可以證明[14]很早以前[15]在這些地方就有人了。很多學者[16]認為[17]這些人就是現代[18]中國人的祖先[19]。

中國的地理環境：北部、西部、跟西南部不是高原[20]就是山東邊兒是海，外邊兒人不容易進來。在這個自然環境裏：氣候好、出產多、生活容易，所以在那兒住的人越來越多。三千年以前在中國黃河[21]附近住的人已經生活得很有秩序[22]了，文化也慢慢兒的發展[23]起來了。這些人有時候跟別的地方的人打仗，打完仗大家又在一塊兒生活的時候就開始彼此[24]學習[25]這樣兒由黃河[26]慢慢兒發展到中國北部中部跟南部。這個社會越來越大，人越來越多。在這個社會裏生活的人，大家的風俗、習慣、語言[27]、文字[28]都差不多一樣，於是[29]慢慢兒形成[30]了我們現在所說[31]的中國文化。

中國在商朝[32]的時候已經知道養牛[33]、養猪[34]、而且已經會造房[35]子、造車、造船了。到了周朝[36]中國文化發展得更快，地方更大東邊兒到了海邊兒、南邊兒到了長江[37]。人們已經會用銅鐵造東西這些東西我們現在在幾個有名的博物館裏都可以看得見。

中國從周朝起開始有學校[38]。人與人之間的規矩也定出來了。大家都按着這些規矩在一塊兒[39]和平的生活[40]，努力的工作[41]。

經過幾千年的進步和發展，愛和平、講禮節、能吃苦就變成了中國人民的特性。[46]

中國人除了[47]漢族以外，還有很多別的民族。[48]不過[49]漢族最大，佔[50]全中國人口百分之九十五以上。[51][52]

漢族在中國人數最多，跟別的少數民族[53]之間的關係多半[54]也很好。各民族雖然有的和漢族的語言、文字、風俗、習慣不一樣，可是都喜歡漢族的文化特別是最近一百年來，[55]因為交通[56]方便，受教育的人多了，漢族和其他民族已經成了一家，都有[57][58]愛和平、講禮節、能吃苦的特性。

我們在這一講提到[59]三個問題：一、中國人是從那兒來的。二、中國文化發展的歷史。三、中國民族的特性。這三個問題都說得很簡單。[60]詳細的情形還得你們自己去用心研究。

Lecture 2

NATURAL ENVIRONMENT (1)

VOCABULARY

1.	Yǎjou	亞洲	PW:	Asia
2.	Jūngdūng	中東	PW:	the Middle East
3.	jènghǎu	正好	MA:	exactly, right, just; just at the (a given) moment
4.	gwān	關	FV:	enclose, surround; lock up (a person)

Bǎ tā gwāndzai wūdzli.
(Lock him up in the room.)

Bǎ tā gwānchilai.
(Lock him up.)

5.	jyēchwò	接觸	FV/N:	be in contact with/contact

gēn wàigwó wénhwà jyēchwò
(be in contact with foreign culture)

6.	gwòchyù	過去	MA/AT:	in the past/past

gwòchyù jèi lyǎngnyán
(in the past two years)

gwòchyùde shřching
(past affairs)

7.	gwò řdz	過日子	VO:	live, pass one's life
8.	shénmì	神秘	SV:	be mysterious
9.	dìsyíng	地形	N:	topography
10.	tèdyǎn	特點	N:	special characteristics
11.	hǎibá	海拔	N:	height above sea level

hǎibá sānchyānchř
(three thousand feet above sea level)

12.	gūngchř	公尺	M:	meter
13.	shāndì	山地	N:	mountainous region
14.	lyóu	流	FV:	flow
15.	dàlùsyìng	大陸性	AT:	continental (usually followed by 'chìhòu 氣候)
16.	yánhǎi	沿海	AT:	coastal

			yánhǎide dàchéng (big cities along the sea coast)
17. yídài	一帶	PW:	area, region
			jèiyidài dìfang (this area)
			Shànghǎi Nánjīng yídài (in the area of Shanghai and Nanking)
18. shòu. . .yǐngsyǎng	受影嚮	VO:	be affected by, influenced by
18.1 yǐngsyǎng	影嚮	N/FV:	influence, effect/influence
19. yǔlyàng	雨量	N:	rainfall, amount of rain
20. píngjyūn	平均	SV:	be even (not in the sense of flat, cf. 32. 'píng')
21. núngyèchyū	農業區	PW:	agricultural area
21.1 núngyè	農業	N:	agriculture
21.2 chyū	區	M/BF:	area
22. gūngshāngyè	工商業	N:	industry and commerce
22.1 gūngyè	工業	N:	industry
22.2 shāngyè	商業	N:	commerce
23. fādá	發達	SV:	be well developed
24. fù	富	SV:	be rich, wealthy
25. jūngsyīn	中心	N:	center
26. nèilù	內陸	PW:	inland
27. shāmwò	沙漠	N:	desert
28. gān	乾	SV:	be dry
29. kàu	靠	CV/FV:	depending on/depend on
30. yáng	羊	N:	sheep
31. fēnbù	分佈	N/FV:	distribution/to be spread, scattered over
32. píng	平	SV:	be level; be smooth, even (cf. 20. 'píngjyūn')
			Lù bùpíng. (The road is not level.)
			Chyáng bùpíng. (The wall is not smooth.)
33. Jūnggwóběnbù	中國本部	N:	China proper
33.1 běnbù	本部	N:	proper, the principal part of a nation

34. níshā	泥沙	N:	mud and sand
34.1 ní	泥	N:	mud
34.2 shā	沙	N:	sand
35. jùngyàu	重要	SV:	be important
36. fāshēng	發生	FV:	happen, occur

fāshēngle yijyàn shŕching
(something happened)

yǒuyijyàn shŕching fāshēngle
(something happened)

37. shwěidzāi	水災	N:	flood
37.1 dzāi	災	BF:	disaster
38. shàngyóu	上游	PW:	upper reaches (of a stream)
39. tǔdì	土地	N:	land (in general)

tǔdì wènti
(land problem)

Jūnggwó běnbùde tǔdì
(land in China proper)

40. féiwò	肥沃	SV:	be fertile (for soil)
41. shŕhé	適合	A/FV:	be suitable to

shŕhé gūngyède fājǎn
(be suitable to the development
of industry)

42. gēngjùng	耕種	FV/N:	cultivate, till/cultivation
42.1 gēng	耕	FV:	plow, till
42.2 jùng	種	FV:	plant, till, plow
43. Dìèrtsż Shŕjyèdàjàn	第二次世界大戰	N:	World War II
44. dwàn	段	N:	section; paragraph
45. jūngyóu	中游	PW:	middle part of a stream (as opposed to upper and lower)
46. tyán	田	N:	land, field (for tilling only)
47. yúmǐjŕsyāng	魚米之鄉	PH:	land of fish and rice
48. sānjyǎujōu	三角洲	N:	delta
49. yǐ . . . wéi . . . (A) (B)	以⋯爲		. . . be considered . . . ,with . . . (A) (B) (A) as . . . , to take . . . to be . . . (B) (A) (B)

Jèrde sywésheng yǐ tā wéi dzwèi-
hǎu.
(He is considered the best stu-
dent here.)

yǐ Jūnggwó wéi jūngsyīn de Yǎjōu
wénhwà . . .
(the Asian culture, with China
as its center, . . .)

50. Jūjyāng   珠江   PW: Pearl River
51. jǐ   只   A: only, merely
52. Gwǎngjōu   廣州   PW: Canton
53. lyóuyù   流域   N: river valley, basin

DÌÈRJYĂNG

Jūnggwode Dz̀rán Hwánjing (1)

Jūnggwo dzài Yǎjōu de dūngnánbù, shr Yǎjoude dìyī dà gwó. Jūnggwode běibyar shr Ègwo, syīnánbyar shr Yìndu, syībyar shr jige Jūngdūng gwójyā, dūngbyar shr hǎi. Jūnggwode běibù, syībù, gen syīnánbu, yàubushr gāuywán jyoushr shān jènghǎu bǎ Jūnggwo gwāndzài dāngjūng. Wàibyarde rén bùrúngyi jìnlai. Junggwo wénhwà ye hěn nán gen wàibyar jyēchwo. Jūnggwo dzài gwòchyù jichyānnyánli, gwānje dà mén gwò r̀dz, byéren dōu jywéde Jūnggwo shr ge shénmìde gwójyā. Jèi dàgài gen Jūnggwo jèijǔng tèbyéde dz̀rán hwánjing hen yǒu gwānsyi.

Yīnwei Jūnggwode dìfang hen dà, swóyi dìsyíng gen chǐhou fēichang fǔdzá. Jūnggwode dìsyíng, jyǎndānde shwō, yǒu sānge tèdyǎn: 1, Jūnggwo chywángwó sānfenjr̀èrde dìfang dōu dzai hǎibá yichyān gūngchr̀ yǐshàng, kéyǐ shwō shr yige shān syāngdāng dwō de gwójyā. 2, Jūnggwode gāu shān dwōbar dzai syībyar, ywè wàng dūng ywè dī. 3, Yīnwei Jūnggwo yǒu hěn dwō gāuywán hé shāndì, swóyi hen dwō héshwěi bunéng lyóudau hǎili chyu.

Jūnggwode chǐhou shr̀ dàlùsying chǐhou. Yánhǎi yidài yīnwei shòu hǎifēng de yǐngsyang, yìnyánlide wēndù hé yǔyàng dōu hen píngjyūn, shr chywángwó dzwèi hǎu de núngyèchyū, érchyě gūngshāngyè hen fādá. Swóyi yánhǎi gèshěng shr Jūnggwo dzwèi fù de dìfang. Yánhǎi ge dàchéng hen dwō dōu shr Jūnggwo jīngji hé gūngshāngyè de jūngsyīn. Nèilùde gāuywán, shāndi, shāmwò hen dwō, chǐhou bǐjyau gān, dwèi núngyè buhéshr̀. Rénmín dwōbàr kàu yǎng nyóu yǎng yáng gwò r̀dz.

Jūnggwo rénkǒu de fēnbù yīnwei shòu dìsyíng, chǐhou, he chūchǎn de yǐngsyang, syāngdāng bùpíngjyūn. Syībù gāuywán, shāndì, shāmwò yidài rénkǒu hen shǎu, ywè wàng dūng dì ywè píng, chǐhou ywè hǎu, chūchǎn ywè fēngfù, rénkǒu yě ywè dwō. Wǒmen shwō jèi yidài shr Jūnggwobènbù. Bǎifēnjr̀jyǒushŕde Jūnggworen dōu jùdzai jèr.

Jūnggwobӗnbù yǒu sāntyáu dà hé, bǎ Jūnggwobӗnbù fēnchéng sānbù. Dzài bӗibù de yìtyáu yīnwei hélide níshā hen dwō, shwӗi shr hwáng yanshe de, swóyi jyàu Hwánghé. Hwánghé yídài shr Jūnggwode jùngyàu núngyèchyū. Jӗiyídài chūchǎn de méi tyӗ hen dwō. Wǒmen dzài shàng yijyǎngli tídau sānchyāndwōnyán yǐchyán Hwánghé fùjìn jyou yǒu rén jù, érchyӗ shēnghwóde hen yǒu jr̀syu, Jūnggwo wénhwà jyòushr dzài Hwánghé yidài kāishřde. Keshr yīnwei jӗityáu héli de níshā tài dwō, chángcháng fāshēng shwӗidzāi, nèi yidài de ren mànmārde wàng dūngnánbù bān. Hòulái yīnwei hǎishang jyāutūng mànmārde fādáchilai, Jūnggwo jīngji wénhwà de jūngsyīn ye mànmārde bāndau dūngnánbu chyule.

Lìngwài yityáu dà hé shr Chángjyāng. Jeityáu hé gen Hwánghé yiyàngde tsúng syī wàng dūng lyóugwo Jūnggwobӗnbù. Chángjyāng shàngyóu yídài tǔdi féiwò, chìhou yǔlyàng dōu shřhé gēngjùng. Jӗi yìdài de dìfang búdàn chūchǎn fēngfù, érchyӗ fēngjǐng hǎu, Dìèrtsz Shr̀jyè dàjàn de shřhou, Jūnggwode shǒudū Chúngchìng jyòu dzài jèige dìfang.

Chángjyāng tsúng shàngyóu wàng dūng lyóu, jīnggwo yídwàn gāu shān, lyóudàu jūngyóu. Jei yidài yǒu hen dwō dà hú, Chángjyāng shwӗi dwō de shrhou jyòu lyóudàu húli, shwӗi shǎu de shrhou jyòu yòu lyóuhwéi Chángjyāng, swóyi bucháng yǒu shwӗidzāi. Tyánli chūchǎn hen dwō mǐ, húli yǒu hen dwō yú, Jūnggworen shwō jèi yìdài shr yúmǐjřsyāng. Chángjyāng dzài lyóujìn hǎili yichyán swǒ jīnggwò de dìfang jyàu Chángjyāng Sānjyǎujōu. Jӗi yidài yǐ Shànghǎi wéi jūngsyīn, rénkǒu dzwèi dwō, núngyè gen gūngshāngyè ye dzwèi fādá.

Chúle Chángjyāng gen Hwánghé yǐwài, dzài Jūnggwobӗnbù nánbyar hái yǒu yityáu dà hé jyàu Jūjyāng. Jūjyāng yidài dwōbàn shr shāndì, jřyǒu Gwǎngjōu yidài méiyou shemma shān. Jӗi yidài ye shř Jūjyāng lyóuyù jӗngjr, jīngji, hé wénhwà de jūngsyīn.

第二講　中國的自然環境 (一)

中國在亞[1]洲的東南部,是亞洲的第一大國。中國的北邊兒是俄國,西南邊兒是印度,西邊兒是幾個中[2]東國家,東邊兒是海。中國的北部、西部、西南部,要不是高原就是山,[3]正好把中國關[4]在當中。中國文化也很難跟外邊接[5]觸[6]。中國外邊人不容易進來。中國在過去幾千年裏,關着大門[7]過日子,別人都覺得中國是個神祕[8]的國家。這大概跟中國這種特別的自然環境很有關係。

因為中國的地方很大,所以地形[9]跟氣候也非常複雜。中國的地形,簡單的說,有三個特點[10]:一、中國全國三分之二的地方都在海拔[11]一千公尺[12]以上;可以說是一個山相當多的國家。二、中國的高山多半兒在西邊兒,越往東越低。三、因為中國有很多高原和山地[13],所以很多河水不能流[14]到海裏去。

中國的氣候是大陸性氣候。沿海一帶因為受海風的影嚮，

一年裏的溫度和雨量都很平均，是全國最好的農業區，而且

工商業很發達。所以沿海各省是中國最富的地方。沿海各大

城很多都是中國經濟和工商業的中心。內陸的高原、山地、沙

漠很多，氣候比較乾，對農業不合適。人民多半兒靠養牛、養羊

過日子。

中國人口的分佈，也因為受地形、氣候、和出產的影嚮，相當

不平均。西部高原、山地、沙漠一帶人口很少，越往東地越平，氣

候越好，出產越豐富，人口也越多。我們說這一帶是中國本部。

百分之九十的中國人都住在這兒。

中國本部有三條大河把中國本部分成三部。在北部的一

條因為河裏的泥沙很多，水是黃顏色的，所以叫黃河。黃河一

帶是中國的重要農業區。這一帶出產的煤鐵也很多。我們在

上一講裏提到三千多年以前黃河附近就有人住，而且生活得很有秩序，中國文化就是在黃河一帶開始的。可是因為這條河裏的泥沙太多，常常發生水災，那一帶的人慢慢兒的往東南部搬。後來因為海上交通[36]慢慢兒的發達起來，中國經濟、文化的中心也慢慢兒的搬到東南部去了。

另外一條大河是長江。這條河跟黃河一樣的從西往東流過中國的本部。長江[38]上游一帶土地肥沃[39]，氣候、雨量都適合[41]耕種[42]。這一帶的地方不但出產豐富，而且風景好[43]。第二次世界大戰的時候，中國的首都重慶就在這個地方。

長江從上游往東流，經過一段[44]高山，流到中游[45]。這一帶有很多大湖。長江水多的時候就流到湖裏，水少的時候就又流回長江，所以不常有水災[46]。田裏出產很多米，湖裏有很多魚，中國人說這一帶是「魚米之鄉[47]」。長江在流進海裏以前所經過的地方叫長江三角洲[48]。這一帶以[49]上海爲中心，人口最多，農業跟工商業也最發達。除了長江跟黃河以外，在中國本部南邊兒還有一條大河叫珠江[50]。珠江一帶多半是山地[51]，只有廣州[52]一帶沒有甚麼山。這一帶也是珠江[53]流域政治、經濟、和文化的中心。

Lecture 3
NATURAL ENVIRONMENT (2)

VOCABULARY

1.	dìchyū	地區	N:	area, district
2.	Yúngwèigāuywán	雲貴高原	PW:	the plateau of Yunnan and Kwei-chow provinces, Yünkwei Plateau
	2.1 Yúnnán	雲南	PW:	(province of) Yunnan
	2.2 Gwèijōu	貴州	PW:	(province of) Kweichow
3.	"Tyān wú sānr̀ chíng;	"天無三日晴'		"There is never a clear sky for three days straight;
	dì wú sānchř píng;	地無三尺平'		there is no three feet of land that is level;
	rén wú sānlyǎng yín."	"人無三兩銀"		there is no one who has ever had more than three taels of silver."
4.	byānjyāng	邊疆	PW:	border region
5.	bāukwò	包括	FV:	include
6.	Dūngběi	東北	PW:	Manchuria
7.	Nèiměnggǔ	內蒙古	PW:	Inner Mongolia
	7.1 Měnggǔ	蒙古	PW:	Mongolia
8.	Syīnjyāng	新疆	PW:	Sinkiang, Chinese Turkestan
9.	Syīdzàng	西藏	PW:	Tibet
10.	. . . děngděng . . .	‥‥等等	BF:	and others; and other . . . , etc.

Jāng Ss., Wáng Ss. děngděng . . .
(Mr. Jāng, Mr. Wang and others)

Shànghǎi, Nánjīng děngděng dìfang
(Shanghai, Nanking, and other places)

11.	myànji	面積	N:	surface area (size of an area)
12.	bèi	被	CV:	by (indicates that the main verb is in the passive voice)

Tā bèi wǒmen gwāndzài wūdzli le.
(He was locked up in the room by us.)

Tà bei dǎ le.
(He was beaten.)

13.	bāuwéi	包圍	FV: surround, encircle
14.	píngywán	平原	N: plain
15.	sēnlín	森林	N: forest
16.	mùtsái	木材	N: lumber
17.	núngchǎn	農產	N: agricultural products
18.	dàdòu	大豆	N: soybean
19.	gāulyang	高粱	N: common sorghum
20.	(dzài) ... shàng	(在)…上	in the field of; as far as ... is concerned

dzài jèngjr̀shàng
(in politics, politically)

dzài núngyè fājǎnshang
(as far as the development of agriculture is concerned)

21.	jànjēng	戰爭	N: war
22.	Mǎn(jōu)rén	滿(州)人	N: Manchu
23.	láiwǎng	來往	N: social intercourse, comings and goings
24.	syùmù (or mùsyù)	畜牧 (or 牧畜)	N: raising livestock
25.	syíngrúng	形容	FV: describe
26.	"Tyān tsāngtsāng, yě mángmáng, fēng chwēi tsǎu dī jyàn nyóu yáng."	天蒼蒼, 野茫茫, 風吹草低 見牛羊,	"Blue, blue, the sky; vast, vast, the field; the grasses are blown, the cattle are shown."
27.	jèngfǔ	政府	N: government
28.	chyáng	強	SV: be strong, powerful
29.	rwò	弱	SV: be weak
30.	lǐngsyòu	領袖	N: leader
31.	bìng	並	A: actually, really, indeed (before a negative)

bìng búshr̀
(by no means, in no sense)

Tā bìng méichyù.
(He really did not go.)

32.	shēnrù	深入	FV: penetrate deeply into
33.	Hwéirén	回人	N: Mohammedan
34.	hǎiànsyàn	海岸線	N: coastline
35.	hǎigǎng	海港	N: harbor

36.	dàdàsyăusyău	大大小小	AT:	large and small, of all sizes
37.	hăidău	海島	N:	island
37.1	dău	島	N:	island
38.	Táiwān	臺灣	PW:	Taiwan, Formosa
39.	Jīnmén	金門	PW:	Quemoy
40.	Mădzŭ	馬祖	PW:	Matsu
41.	Syānggăng	香港	PW:	Hong Kong
42.	Hăinándău	海南島	PW:	Hainan Island
43.	chíjūng	其中		in which, in that (as an adjunct, with an antecedent previously stated)

Nèi wŭge, chíjūng dzwèi dàde shř wŏde.
(The largest one of those five is mine.)

44.	dàlù	大陸	PW:	the mainland
45.	gūnglǐ	公里	M:	kilometer
46.	... dzwŏyòu	…左右		about, approximately

wŭshŕ gūnglǐ dzwŏyòu
(about 50 kilometers)

47.	lwò	落	FV:	fall, drop

lwòdzài dìsya
(fall on the ground)

Yèdz lwòsyalaile.
(The leaves fell.)

48.	fānggūnglǐ	方公里	M:	square kilometer
49.	shŕrè	溼熱	SV:	be humid and hot
49.1	shŕ	溼	SV:	be wet, damp
50.	dăbài	打敗	RV:	defeat; be defeated

Fàgwo bă Yīnggwo dăbàile.
(France defeated England.)

Yīnggwo dăbàile.
(England was defeated.)

DÌSĀNJYĂNG

Jūnggwode Džrán Hwánjing (2)

Jūnggwobĕnbù chúle jèi sānge dà lyóuyù yǐwài, dzài syīnánbù hái yŏu yige dìchyū jyàu Yúngwèigāuywán. Jèi yidài de shān hĕn dwō, chìhou ye budà hău,

bùshŕhé núngyè fājǎn, tèbyé shr Gwèijōu shěng. Jūnggworen cháng shwō jèi
yidài shr "Tyān wú sānŕ chíng; dì wú sānchŕ píng; rén wú sānlyǎng yín." Chúle
jige dà chéng yiwài, jèi yidài bǐ Jūnggwoběnbù chítā dìfang dōu chyúng dedwō.

Syàndzài women tántan. Jūnggwo byānjyāngde dżrán hwánjing. Jūnggwode
byānjyāng bāukwò Dūngběi, Nèiménggǔ, Syīnjyāng, Syīdzàng déngděng dìfang. Jèi
yidài de myànji bǐ Jūnggwoběnbù dà dedwō, kěshr rénkǒu tsái jàn chywángwóde
bǎifēnjŕshŕ.

Dūngběi kéyi shwō shr yíge bèi shān bāuwéi de dà píngywán. Shānshangde
sēnlín chūchǎn hěn dwō mùtsái. Píngywánshang tǔdì féiwò, núngchǎn fēngfù.
Chūchǎn dzwèi dwō de shŕ dàdòu, gāulyang. Méi, tyě yě tèbyé fēngfù. Swóyi
búlwùn dzài gūngyèshang hwòshr núngyèshang, Dūngběi dōu shr Jūnggwo byān-
jyāngshang yíge dzwèi fù dzwèi jùngyàu de dìfang. Hěndwōnyan lái, Ègwo hé
Ŕběn dōu syǎng yàu jèikwai dìfang. Dzwèijìn yibǎinyan lái, Jūnggwode hen dwō
jànjēng dōu shr yīnwei Dūngběi dǎchǐlaide. Jèi yídàide rénmín běnlái dwōbàn
shr Mǎnren, kěshr jǐnggwò hendwōnyán gen Hànren de láiwǎng yǐhòu, syàndzàide
Mǎnren yǐjing gen Hànren chàbudwō méiyou shemma fēnbye le.

Chúle Dūngběi yǐwài, Junggwode byānjyāng syàng Měnggǔ, Syīnjyāng, Syīdzàng
bushr gāuywán jyòushr shāndì, yàuburán jyòushr shāmwò. Dzài jèisye dìfang,
rénkǒu shǎu, néng gēngjùng de dìfang budwō. Dwōbàrde ren dou shr kàu syùmù
shēnghwo. Nǎr yǒu shwěi, nǎr yǒu tsǎu, rénmen jyòu dàu nǎr chyu shēnghwo.
Jūnggwo you jijyù hwà syíngrúng jèi yidài dìfang de dżrán hwánjing gen rénmínde
shēnghwo shwō: "Tyān tsāngtsāng; yě mángmáng; fēng chwēi tsǎu dī jyàn nyóu
yáng."

Jèi yídài dìfang yīnwei jyāutūng bufāngbyan, swóyi gen Jūnggwoběnbù de
wénhwà jyēchwò de jīhwei hen shǎu. Dzài lìshŕshang, jei yidài gen Jūnggwoběn-
bùde gwānsyi yǒushrhou jǐn, yǒushrhou ywǎn. Jūnggwoběnbùde jèngfǔ chyángle,
bǐtszde gwānsyi jyou hen hǎu; Jūnggwoběnbù jèngfǔ rwòle, bǐtszde gwānsyi jyòu
ywǎnle. Běnbùde Hànren yǒushrhou gen byānjyāngde míndzú dǎjàng, yǒushrhou
sùng yige Hàndzúde nyǔren gen byānjyāng míndzú de lǐngsyòu jyéhwūn. Kěshr
Jūnggwode wénhwà bìng méiyou shēnrù. Syàndzài dzài Nèiménggǔ bǎifēnjŕ-
èrshŕde ren hái shr Měnggǔren; dzài Syīdzàng bǎifēnjŕ-lyòushrde ren hái shr
Syīdzàngren; dzài Syīnjyāng bǎifēnjŕ-chīshrwǔ hái shr Hwéiren. Tāmende
shēnghwo, syígwan, yǔyán, wéndż gen běnbùde Jūnggworen dōu bùyiyàng.

Jūnggwode hǎiànsyàn hen cháng. Běibù yánhǎi yidài yīnwei shā dwō, hǎishwěi
bǐjyǎu chyǎn, érchyě yīnwei tyānchi tài lěng, swóyi hǎigǎng budwō. Dzwèi

yǒumíng de hǎigǎng jyòu shr Tyānjing. Dūngnánbu yánhǎi yidài de hǎishwěi hen
shēn, tyānchi ye bǐjyǎu nwǎnhwo, swóyi yóu hen dwō hǎigǎng. Syàng Shànghǎi,
Gwǎngjōu, dōu shr Jūnggwo dūngnán yánhǎi dzwèi yǒumíng de hǎigǎng.

Dūngnán yánhǎi yidai yě yǒu hěn dwō dàdàsyǎusyǎude hǎidǎu. Syàng Táiwān,
Jīnmén, Mádzǔ, Syānggǎng gen Hǎinándǎu dōu shr̀ dàjyā chángcháng tīngshwōde.
Chíjūng dzwèi jùngyàu de yige shr̀ Táiwān.   Táiwān lí Jūnggwo Dàlù dàgài yǒu
yìbǎi gūngli dzwǒyòu. Yàngdz hen syàng yige lwòdzài Tàipíngyángshangde
shùyèdz.   Táiwān chywándǎude myànji you yíwàn-sānchyān-bābǎi-sānshr̀-chī-
fānggūnglǐ. Shān hen dwō, tyānchi shr̀rè, kěshr chūchǎn fēngfù, fēngjǐng hen hǎu.
Táiwān you yige wàigwo míngdz jyàu 'Formosa,' jyòushr hǎukàn de yìsz. Táiwān
běnlái shr Jūnggwo de dìfang, yībājyǒuwǔnyán Jūnggwo bèi R̀běn dǎbàile yǐhòu,
Táiwān jyòu bèi R̀běn náchyule. Yījyǒusz̀wǔnyán Diertsz̀ Shr̀jyedàjàn yǐhòu, R̀běn
bǎ Táiwān hwángei Jūnggwo, byànchéngle Jūnggwode yishěng.

第三講　中國的自然環境（二）

中國本部除了這三個大流域以外，在西南部還有一個地區叫雲貴高原。這一帶的山很多，氣候也不大好，不適合農業發展，特別是貴州省。中國人常說這一帶是「天無三日晴，地無三尺平，人無三兩銀」除了幾個大城以外，這一帶比中國本部其他地方都窮的多。

現在我們談談中國邊疆的自然環境。中國的邊疆包括東北、內蒙古、新疆西藏等等地方，這一帶的面積比中國本部大的多，可是人口才佔全國的百分之十。東北可以說是一個被山包圍着的大平原。山上的森林出產很多木材。平原上土地肥沃，農產豐富。出產最多的是大豆、高粱。煤、鐵也特別豐富。所以不論在工業或是農業上，東北都是中國邊疆一個最富、最重要的地方。很多年來，俄國和日本都想要這塊地方。最近一百年來中國的很多戰爭都是因爲東北打起來的。這一帶的人民本來多半是滿人[21]，可是經過很多年跟漢人的來往以後，現在的滿人已經跟漢人差不多沒有甚麼分別了[23]。

除了東北以外，中國的邊疆，像蒙古、新疆、西藏，不是高原就是山地，要不然就是沙漠。在這些地方，人口少，能耕種的地方不多[22]。多半兒的人都是靠畜牧[24]生活。那兒有水，那兒有草，人們就到那兒去生活。中國有幾句話形容這一帶地方的自然環境跟人民的生活說[25]：「天[26]蒼蒼、野茫茫、風吹草低見牛羊」。

這一帶地方因爲交通不方便，所以跟中國本部的文化接觸的機會很少。在歷史上這一帶跟中國本部的關係有時候近[27]，有時候遠。中國本部的政府強[28]了，彼此的關係就很好；中國本部政府弱[29]了，彼此的關係就遠了。本部的漢人有時候跟邊

疆的民族打仗，有時候送一個漢族的女人跟邊疆民族的領[30]

袖結婚。可是中國的文化並沒有深入。現在在內蒙古百分之[31]

二十的人還是蒙古人；在西藏百分之六十的人還是西藏人；[32]

在新疆百分之七十五還是回[33]人。他們的生活、習慣、語言、文字、

跟本部的中國人都不一樣。

而且因為天氣太冷，所以海港不多。最有名的海港就是天津。[35]

中國的海岸線很長。北部沿海一帶因為沙多，海水比較淺，[34]

東南部沿海一帶的海水很深，天氣也比較暖和，所以有很多

海港：像上海、廣州、都是中國東南沿海最有名的海港。

東南沿海一帶也有很多大大小小的海島：像臺灣[38]、金門[39]、馬[40]

祖[41]、香港、跟海南島，都是大家常常聽說的。其中最重要的一個[43]

就是臺灣。臺灣離中國大陸大概有一百公里[45]左右，樣子很像[46]

一個落[47]在太平洋上的樹葉子。臺灣全島的面積有一萬三千

八百三十七方公里[48]。山很多，天氣濕熱[49]，可是出產豐富，風景很好。臺灣有一個外國名子叫 Formosa，就是「好看」的意思。臺灣本來是中國的地方，一八九五年中國被日本打[50]敗了以後，臺灣就被日本拿去了。一九四五年第二次世界大戰以後，日本把臺灣還給中國，變成了中國的一省。

Lecture 4
HISTORY (1)

VOCABULARY

1.	gǔdài	古代	AT:	ancient
2.	chwánshwō	傳說	N:	legend
3.	jyùshwō	據說	MA:	it is said, from what people say
4.	Pángǔ	盤古	N:	P'an Ku (a legendary being, evolved from Chaos)
5.	fǔdz	斧子	N:	axe, hatchet
6.	tyān	天	N:	heaven
7.	dì	地	N:	earth
8.	dìmyàn	地面	N:	surface of the ground
9.	fāmíng	發明	FV/N:	invent/invention
10.	fāngfǎ	方法	N:	way, method
11.	Hwángdì	黃帝	N:	Huang Ti, Yellow Emperor (a legendary monarch, 2698 B.C.)
12.	sz̄	絲	N:	silk
13.	yīnywè	音樂	N:	music
14.	dǎyíng	打贏	RV:	win
15.	shr̀li	勢力	N:	influence, power

shr̀li hěn dà
(to have great influence)

16.	yánje	沿着	CV:	along

yánje hé dzǒu
(to walk along the river)

17.	yityān bǐ yityān . . . (SV)	一天比一天····		. . .er day by day

Tā jǎngde yityān bǐ yityān gāu.
(He is getting taller day by day.)

18.	džswūn	子孫	N:	descendants
19.	dzài . . . jūng	在···中		in; in the midst of, in the process of

dzài jèige hwánjìngjūng
(in this environment)

Jèijyàn shŕching tā dzài jǐhwa
jūng.
(He is in the midst of planning
this matter.)

20.	Yáu, Shwùn, Yǔ, Tāng, Wén, Wǔ, Jōugūng	堯舜禹湯文 武周公.	N: (Emperor) Yao, Shun, Yü, T'ang, Wen, Wu, and Duke of Chou
20.1	Yáu	堯	N: Yao (an ancient ruler during the golden age of Chinese history. He reigned from 2357–2255 B.C.)
20.2	Shwùn	舜	N: Shun (an ancient ruler during the golden age of Chinese history. He reigned from 2255–2205 B.C.)
20.3	Yǔ	禹	N: Yü (the first ruler of the Hsia Dynasty. He reigned from 2205– 2197 B.C.)
20.4	Tāng	湯	N: T'ang (the first ruler of the Shang Dynasty. He reigned from 1766–1753 B.C.)
20.5	Wén	文	N: King Wen (文, father of King Wu. He was ruler of Chou, 1171–1122 B.C.)
20.6	Wǔ	武	N: King Wu (武, the first ruler of the Chou Dynasty. He reigned from 1122–1115 B.C.)
20.7	Jōugūng	周公	N: Duke of Chou (son of King Wen; after the death of King Wu, the Duke of Chou, as the regent of the minor King Cheng (成 who reigned 1115–1078 B.C.) ex- tended the Chou's territorial control to the Yangtze Valley)
21.	szsyǎng	思想	N: thought
22.	nénggan	能幹	SV: be cápable
23.	tǔngjřjě	統治者	N: ruler
23.1	tǔngjř	統治	FV/N: rule, govern/ruling, governing
24.	dzérèn	責任	N: responsibility
			dzérèn hěn jùng (or hěn dà) (a heavy (or big) responsibility)
25.	Syàcháu	夏朝	N: Hsia Dynasty (2250–1818 B.C.)
26.	jèngchywán	政權	N: political power; regime

27.	jr̀du	制度	N:	system
28.	Jìywánchyán	紀元前	TW:	B.C.
28.1	Jìywánhòu	紀元後	TW:	A.D.
29.	Wǔwáng	武王	N:	King Wu (cf. 20.6 'Wǔ')
30.	myè	滅	FV:	destroy (a nation)
31.	jyànlì	建立	FV/N:	found, establish/founding, establishing
32.	Jōuwénwáng	周文王	N:	(cf. 19.5)
33.	Syījōu	西周	N:	Western Chou, early Chou (1122–771 B.C.)
34.	fēngjyànshŕchī	封建時期	TW:	feudal period
34.1	fēngjyàn	封建	BF:	feudal
34.2	shŕchī	時期	N:	period, age
35.	jyūnjǔ	君主	N:	monarch, ruler
36.	jūhóu	諸侯	N:	feudal prince
37.	Dūngjōu	東周	N:	Eastern Chou, late Chou (770–256 B.C.)
38.	gwèidzú	貴族	N:	noble; nobility
39.	dzwèigāudyǎn	最高點	N:	top, highest point
39.1	dyǎn	點	M:	point

30. myè ✓3/25/77

dìsāndyǎn
(the third point)

yìdyǎnwǔ
(1.5)

40.	Chwūnchyōu shŕdài	春秋時代	TW:	Spring and Autumn Period (722–481 B.C.)
40.1	Chwūnchyōu	春秋	N:	Ch'un Ch'iu, Spring and Autumn Annals
40.2	shŕdài	時代	N:	age, period, epoch
41.	Kǔngdž	孔子	N:	Confucius (551–478 B.C.)
42.	dzwèihòu	最後	MA:	finally, at last
43.	Jàngwóshŕdài	戰國 (時代)	TW:	Warring States Period (403–221 B.C.)
43.1	Jàngwó	戰國	TW:	Warring States
44.	píngmín	平民	N:	common people
45.	tèchywán	特權	N:	prerogative, special privilege
46.	chǎnshēng	產生	FV/N:	bring into existence/birth, coming into existence

(handwritten top margin: 代办 = agent)

47.	sžsyǎngjyā	思想家	N: thinker
47.1	jyā	家	BF: (suffix indicating a specialist)
48.	Chíncháu	秦朝	N: Ch'in Dynasty (221–209 B.C.)
49.	tǔngyī	統一	FV/N: unify/unification
50.	yǐ … láishwō	以…來說	as far as … is concerned
51.	héchéng	合成	FV: make, unite into, put together and form
52.	twēifān	推翻	FV: overthrow, overturn
53.	sywéshù sžsyǎng	學術思想	N: intellectual thought
54.	jīchǔ	基礎	N: foundation, basis
54.1	dǎ jīchǔ	打基礎	VO: to lay a foundation
55.	jyējí	階級	N: class, caste
56.	píngděng	平等	N/SV: equality/be equal, of equal rank
57.	gwānnyàn	觀念	N: concept, idea, view
58.	chūsyàn	出現	FV/N: appear/appearing

chūsyànle yíge syīn jìdu
(a new system appeared)

DÌSŽJYǍNG

Jūnggwo Lìshř (1)

Jūnggwo gǔdài lìshř yīnwei méiyou kěkàude shū, jŕhǎu swànshr chwánshwō, keshr jèijùng chwánshwō syāngdāng youyìsz. Jyùshwō Pángǔ shr yùng yibǎ dà fǔdz bǎ tyān gen dì fēnkāi, tyān dì fēnkāi yǐhòu, dìmyànshang kāishř yǒu rén le. Bìjyau tsūngming de ren kāishř fāmíng hen dwō shēnghwode fāngfǎ, mànmārde jŕdau dzěmma dzàu fángdz, dzěmma jùng dūngsyi shemmade. Hòulái bujŕdàu yòu gwòle dwōshaunyán, dzài jèisyē Jūnggworenli chūle yige hen jùngyàu de ren jyàu Hwángdì. Hwángdìde shrhou shēnghwode fāngfǎ jyòu gèng jìnbùle. Dàjyā kāishř yùng sž dzwò yīfu, dzwò mǎimai de shrhou yǐjìng yùng chyán le. Jyǎndānde yīnywè hé wéndž ye yǒule.

Jyùshwō dzài Hwángdìde shrhou ta dǎgwo yítsž hěn jùngyàude jàng, dǎyíngle, swóyi ta nèi yidzú de shřli jyòu ywè lái ywè dà. Tamen yánje Hwánghé fājǎn, dìfang yìtyān bǐ yìtyān dà. Jèi yìdzú ren jyòu shr women dzài dìyījyǎngli swǒ shwō de Hàndzú de dzǔsyān, swóyi dàu syàndzài dàjyā hái shwō Jūnggworen shr Hwángdìde džswūn.

Dzài Jūnggwo gǔdài lîshřjūng, hái yǒu jige ren jřde women jyèshau de, jyòu shr Jūnggworen cháng shwō de: Yáu, Shwùn, Yǔ, Tāng, Wén, Wǔ, Jōugūng. Jèi chíge ren dwèi Jūnggwo wénhwà, sźsyǎng dōu yǒu fēicháng jùngyàude yǐngsyǎng.

Yáu, Shwùn gen Yǔ dōu shr hen nénggàn de tǔngjřjě. Yáu lǎule bǎ tade dzéren jyāugei Shwùn. Shwùn lǎule jyāugei Yǔ. Yǔ de shrhou jyòushr lîshřshangde Syàcháu. Yǔ lǎule yǐhòu, ba dzéren jyāugei tade érdz. Tsúng jei shrhou chǐ, Jūnggwo jyòu kāishřle bǎ jèngchywán chwángěi érdz de jřdù.

Syàcháu yihòu shr Shāngcháu. Shāngcháude diyīge tǔngjřjě shr Tāng. Nà shr Jìywánchyán yîchyān-chǐbǎi-lyòushr-lyòunyánde shř.

Wǔwáng bǎ shāngcháu myèle, jyòu jyànlîle Jūnggwo lîshřshang yǒumíngde Jōuchau. Wǔwáng, Jōugūng dōu shr Jōuwénwangde érdz, jyòu shr chyántou swǒ shwō de Wén, Wǔ, Jōugūng. Jōuchaude tóu sānbǎinyán jyàu Syījōu, shr Jūnggwode fēngjyàn shŕchī. Jèige shŕhou Jōucháu tǔngjr de dìfang bǐ yichyán dà dwōle. Jōucháude jyūnjǔ bǎ tǔdì fēngei tāde érdz gen chítāde ren, ràng tamen chyu tǔngjř. Jèisye tǔngjřjě jyàu jūhóu. Dzài Dūngjōude tóu èrbǎidwōnyánli, jūhóude shřli yityān bǐ yityān dàchilai, gen Jōucháu jyūnjǔde gwānsyi ye yìtyān bǐ yityān ywǎnle. Shřli tèbyé dà de jūhóu búdàn byéde jūhóu děi tīng tāde hwà, lyán Jōucháude jyūnjǔ yé děi tīng tade hwà le. Nèige shřhou dzài jèngfúli dzwò shř de ren dōu shr gwèidzu. Gwèidzú wénhwà kéyi shwō shr fājǎndàule dzwèigāudyǎn. Jèige shŕchī dzai Jūnggwo lîshřshang jyàu Chwūnchyōu shŕdài. Kǔngdž jyòu shēngdzài jèige shŕchī. Hòulái jūhóude shřli ywè lái ywè dà, dzwèihòu dōu byàn-chéngle gwó. Gwó yu gwó jřjyān chāngcháng dǎjàng, swóyi lîshřshang jyàu Jàngwó shrdài. Tsúng jèi shrhou chǐ jèngchywán kāishř tsúng gwèidzúde shóuli mànmārde lwòdau píngmínde shóuli. Yánjyou sywéwen yǐjing búshr gwèidzúde tèchywán, swóyi jèige shŕchī chǎnshēngle hen dwō yǒumíngde sźsyǎngjyā.

Jàngwó yǐhòu, Chínchau tǔngyīle Jūnggwo. Jūnggwo kāishř yǒule yige tǔngyī jèngfǔ. Nèi shrhoude Jūnggwo, yǐ dàsyǎu láishwō, yǐjing hé syàndzài Jūnggwo-běnbù de dàsyǎu chàbudwō le; yǐ míndzú laishwō, hen dwō syǎu míndzú mànmārde héchéng yíge dà míndzú; yǐ jèngjř jřdu láishwō, fēngjyàn jřdu bèi twēifān, jyànlî yǐjǔng tǔngyīde jūngyāng jèngfǔ; yǐ sywéshùsźsyǎng láishwō, Chwūnchyōu Jàngwó gè dà sźsyǎngjyā de sywéshùsźsyǎng jyànlile Jūnggwo sywéshùsźsyǎng de jīchǔ. Gwèidzú yǔ píngmín de jyēji méiyǒule, píngděngde gwānnyàn yě kāishř dzài rénmǐn sźsyǎngjūng chūsyànle.

第四講　中國歷史(一)

中國古代[1]歷史因為沒有可靠的書，只好算是傳說[2]；可是這種傳說相當有意思。據說[3]盤古[4]是用一把大斧子[5]把天跟地[6]分[7]開。天地分開以後，地面[8]上開始有人了。比較聰明的人開始發[9]明很多生活的方法[10]，慢慢兒的知道怎麼造房子，怎麼種東西甚麼的。後來不知道又過了多少年，在這些中國人裏出了一個很重要的人叫黃帝[11]。黃帝的時候，生活的方法就更進步了。大家開始用絲[12]作衣服，作買賣的時候已經用錢了。簡單的音[13]樂和文字也有了。

據說在黃帝的時候他打過一次很重要的仗[14]；打贏了，所以他那一族的勢力[15]就越來越大。他們沿着[16]黃河發展，地方[17]一天比一天大。這一族人就是我們在第一講裏所說的漢族的祖先，所以到現在大家還說中國人是黃帝的子孫[18]。

在中國古代歷史中，還有幾個人特別值得我們介紹的：就[19]

是中國人常說的堯、舜、禹[20]、湯、文、武、周公。這七個人對中國的文

化[21]、思想、都有非常重要的影響。

堯、舜跟禹都是很能幹的統治者[22]。堯老了把他的責任[23]交給

舜。舜老了交給禹；禹的時候就是歷史上的夏朝[25]。禹老了以後，

把責任交給他的兒子。從這時候起，中國就開始了把政權[26]傳

給兒子的制度[27]。

夏朝以後是商朝。商朝的第一個統治者是湯。那是紀元前[28]

一千七百六十六年的事。

武王[29]把商朝滅[30]了，就建立[31]了中國歷史上有名的周朝。武王、

周公、都是周文王[32]的兒子，就是前頭所說的文、武、周公。周朝的

頭三百年叫西周[33]，是中國的封建[34]時期。這個時候周朝統治的

地方比以前大多了。周朝[35]的君主把土地分給他的兒子跟其

他的人讓他們統治。這些統治者叫諸侯。在東周[37]的頭二百多年裏，諸侯的勢力一天比一天大起來，跟周朝君主的關係也一天比一天遠了。勢力特別大的諸侯不但別的諸侯得聽他的話，連周朝的君主也得聽他的話，那個時候在政府裏作事的人都是貴族。貴族[38]文化可以說是發展到了最高點。這個時期在中國歷史後來時期上叫春秋時代[40]。孔子[41]就生在這個時期後來諸侯的勢力越來越大，最後都變成了國。國與國之間常常打仗，所以歷史上叫戰國時代[43]。從這時候起政權開始從貴族的手裏慢慢兒的落到平民[44]的手裏研究學問已經不是貴族的特權[45]，所以這個時期產生了很多有名的思想家[47]。戰國以後，秦朝統一[49]了中國。中國開始有了一個很大的統一政府。那時候的中國[50]，以大小來說，已經和現在的中國本部的大小差不多了；以民族來說，很多小民族慢慢兒的合成一個[51]

大民族；以政治制度來說，封建制度被推翻，建立一種統一的

中央政府；以學術思想來說，春秋戰國各大思想家的學術思[52]

想建立了中國學術思想的基礎。貴族與平民的階級沒有了，[54][53]

平等的觀念也開始在人民思想中出現了。[56][57][58][55]

Lecture 5

HISTORY (2)

VOCABULARY

1.	myèwáng	滅亡	FV: be extinguished (as a nation)
2.	Hàncháu	漢朝	N: Han Dynasty (206 B.C. – A.D. 220)
3.	lăubăisyìng	老百姓	N: common people
4.	hwēifu	恢復	FV: reestablish, restore

hwēifu fēngjyàn jřdù
(to reestablish feudalism)

hwēifu jřsyu
(to restore order)

5.	āndìng	安定	SV: be peaceful and settled
6.	Hànwŭdì	漢武帝	N: Emperor Wu of Han (an emperor of Han Dynasty, who reigned from 140–88 B.C.)
7.	găigé	改革	FV/N: reform, make a radical change/ reform, a radical change
8.	jèngshř	正式	A: formally; officially
9.	tíchàng	提倡	FV: promote, propagate
10.	Rújyā	儒家	N: Confucian School
11.	chyángshèng	強盛	SV: be powerful and flourishing (as a nation)
12.	mwònyán	末年	N: last years
13.	Sāngwóshŕdài	三國時代	N: the Three Kingdoms Period (A.D. 222–265)
14.	fēnlyè	分裂	FV/N: split up, be divided/split
15.	Swéicháu	隋朝	N: Sui Dynasty (A.D. 589–618)
16.	Tángcháu	唐朝	N: T'ang Dynasty (A.D. 618–907)
17.	cháudài	朝代	N: a dynasty
18.	Hwáchyáu	華僑	N: overseas Chinese
19.	Tángren	唐人	N: the 'men of T'ang'
20.	tā	它	N: it (the word 'tā' is used most often as 'it' is in English except in impersonal sentences, i.e. 'It is raining.')

37

21.	dàudá	到達	FV:	reach, arrive
22.	Bwōsž	波斯	PW:	Persia
23.	Nányáng	南洋	PW:	South Sea
24.	Gāulî	高麗	PW:	Korea
25.	Fwójyàu	佛教	N:	Buddhism
26.	Hwéijyàu	回教	N:	Mohammedanism
27.	Sùngcháu	宋朝	N:	Sung Dynasty (A.D. 960-1280)
28.	Hàn-Táng	漢唐	N:	Han(Dynasty)and T'ang(Dynasty)
29.	chīnfàn	侵犯	FV:	encroach, infringe
30.	Nánsùng	南宋	N:	the Southern Sung (A.D. 1127-1280)
31.	shǒugūngyè	手工業	N:	handicraft industry
32.	jìshù	技術	N:	skill, technique
33.	tsźchî	瓷器	N:	porcelain, china
34.	hwódżyìnshwā	活字印刷	N:	movable type
34.1	yìnshwā	印刷	N:	printing
35.	Ywáncháu	元朝	N:	Yüan Dynasty, Mongol Dynasty (A.D. 1279-1368)
36.	jyūndwèi	軍隊	N:	army, troops
37.	Yìdàlî	意大利	N:	Italy
38.	Míngcháu	明朝	N:	Ming Dynasty (A.D. 1368-1644)
39.	Syīfāng	西方	PW:	the West
40.	yìnsyàng	印象	N:	impression (mental)
41.	yìbānrén	一般人	N:	people in general
42.	Fēijōu	非洲	PW:	Africa
43.	fǔbài	腐敗	SV:	be corrupt
44.	Chīngcháu	清朝	N:	Ching Dynasty, the Manchu Dynasty (A.D. 1644-1912)
45.	chénggūng	成功	SV/FV:	successful/succeed
46.	fǎnkàng	反抗	FV:	oppose
47.	Yāpyànjànjēng	鴉片戰爭	N:	Opium War (A.D. 1840-1842)
48.	Tàipíngtyāngwó	太平天國	N:	T'aip'ing T'ienkuo (lit. the Heavenly Kingdom of Peace), Taiping Rebels; Taiping Rebellion (A.D. 1850-1864)
49.	Chywánfěijřlwàn	拳匪之亂	N:	Boxer Uprising (A.D. 1900)

50.	Syīnhàigémìng	辛亥革命	N: Revolution of 1911
50.1	gémìng	革命	N: revolution
51.	Jūnghwámíngwó	中華民國	N: Republic of China (founded in 1912)
52.	chénglì	成立	FV: establish
53.	mínjǔ	民主	SV: be democratic

DÌWǓJYǍNG

Jūnggwo Lìshř (2)

Chínchau myewángle yǐhòu jyòushr Hàncháu. Hànchau kāishř de shŕhou syān ràng láubǎisyìng hwēifu āndìngde shēnghwo, dàule Hànwǔdìde shŕhou jyòu kāishř gǎigé, jèngfǔ jèngshrde tíchàng Rújyā szsyǎng.

Hànchau shr Jūnggwo yige hen chyángshèngde shŕdài. Dìfang bǐ yǐchyán gèng dà le. Hànren, jèige míngdz, jyòushr tsúng Hànchau láide. Hànchau tsúng Jìywánchyán èrlínglyòunyán dàu Jìywánhòu èrèrlíngnyán, yígùng yǒu szbaidwō-nyán. Hànchaude mwònyán jyòushr 'Sāngwó shrdài.' Tsúng jèige shrhou chǐ tǔng-yīde Jūnggwo yòu fēnlyèle. Jèijǔng chíngsyíng yìjŕ dàu wǔbājyǒunyánde Swéichau, Jūnggwo tsái yòu tǔngyīchǐlai. Búgwò Swéichau jŕyǒu èrshrjyǒunyán jyòu bèi Tángchau myèle. Tángchau gen Hànchau dōu shr Jūnggwo lìshřshang yǒumíngde cháudai. Gāngtsái women shwōgwo Hànren jèige míngdz shr tsúng Hànchau láide; syàndzài hái yǒu bushaude Hwáchyáu jyàu džjǐ Tángren. Tángren jèige míngdz jyòushr tsúng Tángchau láide.

Tángcháu jŕyǒu èrbǎi-bāshrjyǒunyán. Dzwèi chyángshèng de shrhou tade shŕli syībyar dàudá Bwōsz̄, nánbyar dàudá Nányáng gèdǎu, dūngbyar dàudá Gāulǐ gen Řběn. Jèige shŕchī gen wàigwo de jyēchwo ywè lái ywè dwō. Jūnggwode lǐjyé, yīnywè, wéndž he jèngjrjřdù dwōbàr shr dzai jèige shŕchī chwándau Gāulǐ gen Řběn chyude. Chúle Fwójyàu dzǎu jyou chywándau Jūnggwo lái yǐwài. Jīdu-jyàu, Hwéijyàu ye dōu shř jèige shŕchī tsúng wàigwo chwándau Jūnggwo láide.

Tángchau yihòu Jūnggwo yòu fēnchéng háujigwó, yìjŕ dau Sùngchau tsái yòu tǔngyī. Sùngchau swéiran tǔngyīle Jūnggwo, kěshr gwójyā hěn rwò, dìfang bǐ Hàn-Táng lyǎngchau syǎu dwole. Túngshŕ byānjyāng gèmíndzú yòu chángcháng chīnfàn Jūnggwo běnbù, hòulái lyán shǒudū dōu dyōule, jřhǎu dzài nánfangde Hángjōu yòu jyànlì yige shǒudū, dzài Jūnggwo lìshřshang jyàu Nánsùng.

Jūnggwo nánfang de chūchǎn běnlái jyòu hen fēngfù, shǒudū bāndàu nánfang yǐhòu nánfang jyòu mànmārde jùngyauchilaile. Shǒugūngyède jìshu he shāngyè yě mànmārde fājǎnchilaile. Sùngchau chúle tszchì dzài sh`jyeshang hen yǒumíng yǐwài, hái fāmíngle hwódż yìnshwā shemmade.  Yīerchījyǒunyán Méngguren myèle Sùngchau jyànlìle Ywánchau. Ywánchaude sh`lì hen dà. Tamende jyūndwèi dǎdàugwo Ègwo gen Yìdalì. Kěshr Ywánchau búdàu yìbǎi nyán jyòu bèi Míngchau myèle.

Dzài Jūnggwo jèisye cháudaili, Syīfang gwójyā dwèi Míngchau de yìnsyang bíjyau shēn.   Yìbanrén kànjyan yíjyàn hǎu de Jūnggwo dūngsyi, cháng shwō shr Míngchaude.   Jèi dagài shr yīnwei tsúng Míngchau chǐ Jūnggwo gen Syīfang jyēchwòde gèng dwō le. Nèi shrhou hǎishang jyāutūng yě syāngdāng fāngbyan. Míngchau dzài yīsānlyòubānyán dzàule lyòushrjǐ dà chwán, pài ren dau Nányáng gèdǎu, chyánhòu chyule chítsż, shènjṛyú dàugwo Fēijōu.

Míngchau mwònyán jèngjṛ fǔbài, yúshr Mǎnjouren bǎ Míngchau myèle, jyànlile Chīngchau.   Mǎnjōuren kāishṛ tǔngjṛ Jūnggwo de shrhou tamen sywésyi Hànrende wénhwà, chǐng Hànren tì tamen dzwò shṛ, dzài jèngjṛshang syāngdāng chénggūng.   Hòulái yīnwei jèngfǔ ywè lái ywè fǔbài, fǎnkàng jèngfǔ de ren ywè lái ywè dwō. Yībāsżlíngnyan de yǎpyànjànjēng Jūnggwo bèi Yīnggwo dǎbài yihòu, jyēje yòu fāshēngle Tàipíngtyāngwó he Chywánfěijṛlwàn. Chīngchau swéiran you yige shŕchì hen syǎng sywésyi Syīfang gwójyā de chángchu ba Jūnggwo nùnghǎu, kěshr yǐjing tài wǎn le.

Yījyǒuyīyīnyán Syīnhàigémìng fāshēng, yījyǒuyīèrnyán Jūnghwámíngwó jèngshr chénglì yǐhòu Jūnggwo jyòu byànchéng yige syàndài de mínjǔ gwójyā.

第五講　中國歷史（二）

秦朝滅亡[1]了以後就是漢朝。漢朝開始的時候先讓[2]老百姓[3]恢復[4]安定[5]的生活；到了漢武帝[6]的時候就開始改革，政府[7]正式[8]的提倡[9]儒家[10]思想。

漢朝是中國一個很強盛[11]powerful的時代。地方比以前更大了。漢人、這個名子，就是從漢朝來的。漢朝從紀元前二〇六年到紀元後二二零年，一共有四百多年，漢朝的末年，就是「三國時代」[13]從這個時候起統一的中國又分裂[14]了。這種情形一直到五八九年的隋朝[15]，中國才又統一起來。不過隋朝只有二十九年就被唐朝滅了。唐朝跟漢朝都是中國歷史上有名的朝代[17]。剛才我們說過：漢人這個名子是從漢朝來的。現在還有不少的華僑[18]叫自己「唐人」[19]。「唐人」這個名子就是從唐朝來的。

唐朝只有二百八十九年。最強盛的時候，它[20]的勢力西邊到[21]

達波斯,南邊兒到達南洋各島,東邊兒到達高麗跟日本。這個[22][23][24]時期跟外國的接觸越來越多。中國的禮節、音樂、文字、和政治制度多半兒是在這個時期傳到高麗跟日本去的。除了佛教[25]早就傳到中國來以外,基督教、回教也都是這個時期從外國[26]傳到中國來的。

唐朝以後中國又分成好幾國,一直到宋朝才又統一。宋朝[27]雖然統一了中國,可是國家很弱,地方比漢唐兩朝小多了。同[28]時邊疆各民族又常常侵犯中國本部,後來連首都都丟了,只[29]好在南方的杭州又建立一個首都,在中國歷史上叫南宋。[30]中國南方的出產本來就很豐富,首都搬到南方以後南方就慢慢的重要起來了。手工業的技術和商業也慢慢的發展[31][32]起來了。宋朝除了瓷器在世界上很有名以外,還發明了活字[33][34]印刷什麼的。一二七九年蒙古人滅了宋朝建立了元朝。元朝[35]

的勢力很大。他們的軍隊打到過俄國跟意大利。可是元朝不

到一百年就被明朝滅了。

在中國這些朝代裏，西方國家對明朝的印象比較深。一般

人看見一件好的中國東西，常說是明朝的。這大概是因為從

明朝起中國跟西方接觸的機會更多了。那時候海上交通也

相當方便。明朝在一三六八年造了六十隻大船，派人到南洋

各島前後去了七次，甚至於到過非洲。

明朝末年的政治腐敗，於是滿洲人把明朝滅了，建立了清

朝。滿洲人開始統治中國的時候他們學習漢人的文化，請漢

人替他們作事，在政治上相當成功。後來因為政府越來越腐

敗，反抗政府的人越來越多。一八四零年的鴉片戰爭中國被

英國打敗以後，接着又發生了太平天國和拳匪之亂。清朝雖

然有一個時期很想學習西方國家的長處把中國弄好，可是

己經太晚了。一九一一年辛亥革命發生[50]。一九一二年中華民國正式成[51]立以後中國就變成一個現代的民主國家[53]。[53]

TRADITIONAL GOVERNMENT (1)

VOCABULARY

1. chwántǔng	傳統	N:	tradition
2. chéngsyàng	丞相	N:	prime minister (ancient Chinese title)
3. jyānchá	監察	AT:	controlling, supervising
4. byànláibyànchyù	變來變去	PH:	be in a state of flux, change back and forth
4.1 byàn	變	FV:	change
5. jīběnshàng	基本上	A:	basically, fundamentally
5.1 jīběn	基本	BF:	basic, fundamental
6. wǒmen lai V	我們來 V		let us V
			Wǒmen lái kànkan. (Let us take a look.)
6.1 wǒ lái V	我來 V		let me V
			Wǒ lái mǎi. (Let me buy it.)
7. V yisyà	V 一下		(same as reduplicated V or V yiV)
			shwōyisyà (same as shwōshwo or shwōyishwō) (talk about it)
8. jyěshr̀	解釋	N/FV:	interpretation, explanation/interpret, explain
9. dànshr	但是	A:	but, however
10. Swūn Jūngshān	孫中山	N:	Sun Yat-sen (1867-1925; founder of the Republic of China)
11. gwǎnlǐ	管理	FV:	administer, control, manage
12. jyàudzwò	叫做	FV:	called, spoken of as
13. dzǎuchī	早期	N:	early period
14. syāngsyìn	相信	FV:	believe
15. dàdz̀rán	大自然	N:	nature
16. lìlyang	力量	N:	strength, power
17. chúngbài	崇拜	FV:	worship, esteem
18. jì	祭	FV:	offer sacrifice

19. 'shòu mìng yú tyān'	受命於天		'receive order from Heaven'
20. dzwòchū(lai)	作出 (來)	RV:	make, create
21. syǔdwō	許多		many, a lot of (same as 'hěn dwō' 很多)
22. tàipíng	太平	SV:	peaceful (without wars)
23. chywánli	權力	N:	power, authority
24. dāngshŕ	當時	TW:	at that time
25. "Ř chū ér dzwò, ř rù ér syí, dzwò jǐng ér yǐn, gēng tyán ér shŕ, di lì yú wǒ hé yǒu dzāi?"	日出而作, 日入而息, 鑿井而飲, 耕田而食, 帝力於 我何有哉.		"We work when the sun rises, we rest when the sun sets, we dig wells for drink, we plow the land for food, what has the power of the Emperor to do with us?" (This is a song sung by the peasants during the time of Emperor Yao.)
26. jyūnshr	軍事	N:	military affairs
27. wàijyāu	外交	N:	foreign affairs, diplomacy
28. jyāchyáng	加强	FV:	strengthen
29. ànjàu	按照	CV:	according to
30. shŕshŕ	事實	N:	fact
31. shǐ	使	CV:	cause, make, enable
32. dùngyáu	動搖	FV:	waver (abstract)
33. wèile	爲了	CV:	for (the purpose of)
34. chéndž	臣子	N:	official (of a Monarch)
35. shā	殺	FV:	kill (a person or an animal)
36. gǎibyàn	改變	FV/N:	change
37. búdàudé	不道德	SV:	be immoral
37.1 dàudé	道德	N:	morality
38. fēngchì	風氣	N:	fad, fashion, the prevalent way of doing things
39. fāngmyàn	方面	N:	aspect, side
40. dzwūnshǒu	遵守	FV:	observe, keep
41. yǐshēndzwòdzé	以身作則		set up a good example oneself
42. jěnggèr	整個兒	AT:	entire, whole
43. dìwèi	地位	N:	position
44. tígāu	提高	RV:	raise, lift up

45. chúngsyīn	重新	A:	anew
46. tsǎiyùng	採用	FV:	adopt (a policy or method)
47. lyánhé	聯合	FV:	join together
48. jèngtsè	政策	N:	policy
49. dzàuchéng	造成	FV:	make, create
50. chūngtu	衝突	N:	conflict
51. ránhòu	然後	A:	afterwards
52. byàndùng	變動	FV/N:	change, shift, upheaval
53. gèdz̀	各自	N:	each one
54. shŕsyíng	實行	FV:	put into practice, execute
55. pwòhwài	破壞	FV:	destroy

DÌLYÒUJYǍNG

Jūnggwode Chwántǔng Jèngjr̀ (1)

Syīnhàigémìng yǐchyán Jūnggwo jèngfǔ de dzǔjr yìjŕ dōu shr jyūnjŭ jŕdù. Jyūnjŭ yǐsyà yǒu chéngsyàng, you jyānchá dzǔjŕ. Swéiran měi yìcháu de chíng-sying buwánchywán yíyàng, búgwò byànláibyànchyù jīběnshang dōu chàbudwō.

Syàndzài women syān lái tántan Jūnggwode jyūnjŭ jŕdù.

Dzai tán jeige wèntí yǐchyán women yīnggāi lai yánjyou yisyà Jūnggworen dwèi 'jèngjr' jèi lyǎngge dz̀ de kànfa. Jūnggwo lìshŕshang de sz̄syangjyā dwèi 'jèngjr' lyǎngge dz̀ de jyěshr̀ hen dwō. Dànshr bǐjyǎu cháng tídàu de shwōfa shr Swūn Jūngshān syānsheng de jyěshr̀. Ta shwō, 'jèng' jyoushr dàjyā de shŕching; 'jr' jyòu shr gwánli. Gwánli dàjyā de shr̀ching jyòu jyàudzwo 'jèngjr̀.' Swóyi women ye kéyi shwō gwánli dàjyā de shr̀ching de dzǔjr jyòu jyàudzwo 'jèngfǔ.'

Dzǎuchǐde Jūnggwo shèhwèi gen shŕjyeshang chítā dìfang dzǎuchǐde shèhwèi yiyàng. Tamen syàngsyìn dàdz̀rán de lìlyang, pà dàdz̀rán de lìlyang, túngshŕ ye chúngbài dàdz̀rán de lìlyang. Jèijǔng dàdz̀rán de lìlyang Jūnggworen jyàu 'tyān.' Nèi shrhou dàjyā jywéde dzwèi jùngyàu de shr̀ching jyòu shr jì tyàn, yúshr̀ gwánli jì tyān de ren jyòu chéngle dàjyā de lǐngsyòu. Ta 'shòu mìng yú tyān' lái gwánli jì tyān de shr̀chìng. Ta jyòu shr jyūnjŭ, ye jyòu shr Jūnggwo jyūnjŭ jŕdù de kāishr̀.

Nèi shŕhou de jyūnjŭ dzwòchulai syúdwō jì tyān shŕhou yùng de lǐjyé hé yīnywè jyàu rénmín sywésyi. Nèi shŕhou jyūnjǔde shr̀ching hen shǎu, shèhwèi bǐjyau tàipíng, jèngfǔde chywánli yě hen syǎu. Rénmín dzài shēnghwoshang gen jyūnjŭ he jèngfŭ méiyou shemma gwānsyi. Dāngshŕ yóu jijyù hwà syíngrúng nèijŭng chíng-sying shwō: "Ř chū ér dzwò, ř rù èr syí, dzwò jǐng ér yǐn, gēng tyán ér shŕ, dĭ lĭ yú wŏ hé yŏu dzāi?" Kěshr hòulái yīnwei dzú yu dzú jřjyān de jyēchwò dwōle, tamen chángcháng dǎjàng, Yíge lǐngsyòu chúle gwánli jĭ tyān yǐwài, yòu yóu hen dwō jyūnshř, jèngjř, wàijyāu, de shřching. Jyūnjŭ de chywánli jyāchyángle, jèngfŭ de dzŭjr ye mànmārde fŭdzáchilaile.

Ănjàu cháudài shwō, Jūnggwo de jyūnjŭ jřdù dzai Shāngchau jyòu yǐjing yŏule jīchŭ. Jōucháu myè Shāngcháu de shřshŕ shř dàjyā dwèi jyūnjŭ shř 'shòu mǐng yú tyān' de gwānnyàn kāishř dùngyáu. Dàule Chwūnchyōushŕdài jūhóude shřli ywè lái ywè dà, jyūnjŭde chywánli ywè lái ywè syǎule. Gwójyā shèhwèi de chíng-sying lwànde lihai. Wèile jèngchywán fāshēngle syúdwō chéndž shā jūhóu, érdz shā fùchin de shřching. Shèhwèide jřsyu meiyŏule, gwójyāde jīchŭ dùngyáule. Jyòu dzài jèige shrhou Kúngdž wèile gǎibyàn jèijŭng budàudé de fēngchì, dzài jèngjr fāngmyan ta tèbyé bǎ jyūnjŭ he chéndž jřjyān de fēnbyé nùngde hen chīng-chu, dìngle gèjŭnggeyàngde lǐjyé, syiwang dàjyā dzwūnshŏu. Ta rènwei jyūnjŭ shr yīgwóde lǐngsyòu, jřyàu lǐngsyòu yǐshēndzwòdzé, jènggèrde shèhwèi džrán jyòu shòu ta de yǐngsyǎng. Dzài tā swŏ tíchàng de jèngjř sžsyángli, ta bǎ jyūnju de diwei tígāule hen dwō. Ta syīwang bǎ yǐjing dùngyáu de jyūnjŭ jřdu chúngsyin jyànlichilai, dànshr tade jèngjr sžsyǎng dāngshŕ bìng méi bèi tsǎiyùng.

Chwūnchyōu shŕdài jūhóu jřjyān jǎnjēng de jyégwŏ, dzwèihòu byànchéng chīgwó. Jèi chīgwójūng dzwèi chyáng de shr Chíngwo. Chítā lyòugwó chángcháng lyánhechilai dǎ ta. Chíngwo dwèi chítā lyòugwo de jèngtsè shr syān yùng wàijyāu fāngfǎ dzǎuchéng lyòugwo jřjyān de chūngtu, ránhou pài jyūndwèi yigèyigède chyu dǎ tamen. Jyégwŏ lyòugwó yigèyigède dou bèi Chíngwó myèle. Chingwo dzwèi-hòu tŭngyīle Jūnggwó.

Jàngwó shŕchī shr Jūnggwo jèngjrshang byàndùngde dzwèi lìhai de shŕchī. Jèige shŕchī Jūnggwo jèngjr dzwèi da de tèdyǎn shr dāngshŕde chīgwó gèdž dōu yŏu yige jèngfŭ, gèdž shŕsyíng jèngjr, jīngji, shèhwei de gǎigé, bǎ fēngjyànjřdù wánchywán pwòhwaile. Dzwèihòu, Chíngwó myèle lyòugwó jyànlìle yige tŭngyī-de jèngfŭ.

第六講　中國的傳統政治[1]（一）

辛亥革命以前中國政府的組織一直都是君主制度。君主以下有丞相[2]，有監察組織[3]。雖然每一朝的情形不完全一樣，不過變來變去基本上都差不多[4][5]。

現在我們先來談一談中國的君主制度[6]。

在談這個問題以前，我們應該來研究一下中國人對「政治」兩個字的解釋[7]。他說、[8]「政治」兩個字的看法。中國歷史上的思想家對「政治」的解釋很多，[9]但是比較常提到的說法是孫中山先生的解釋[10]。他說、「政」就是大家的事情，「治」[11]就是管理。管理大家的事情就叫做「政府」[12]。所以我們也可以說管理大家的事情的組織就叫做「政府」。

早期的中國社會跟世界上其他地方早期的社會一樣。他[13]們相信[14]大自然的力量[15]，怕大自然的力量[16]，同時也崇拜[17]大自然的力量。中國人叫「天」。那時候大家覺得最重要的事情就是祭天，於是管理祭天的人就成了大家的領袖。他「受命於天」[19]來管理祭天的事情。他就是一國的君主，也就是中國君主制度的開始。

那時候的君主作出來許多祭天時候用的禮節和音樂叫[20]人民學習。那時候君主的事情很少，社會比較太平，政府的權[21]力也很小。人民在生活上跟君主和政府沒有什麼關係。當時[22]有幾句話形容那種情形說[23]：「日出而作，日入而息，鑿井而飲，耕[24]田而食，帝力於我何有哉」[25]。可是後來因為族與族之間的接觸多了，他們常常打仗。一個領袖除了管理祭天以外，又有很多軍事、政治[26]、外交[27]的事情，君主的權力[28]加強了，政府的組織也慢慢兒復雜起來了。

按照[29]朝代說，中國的君主制度在商朝就已經有了基礎。周朝滅商朝[30]的事實使[31]大家對君主是「受命於天」的觀念開始動[32]

搖到了春秋時代諸候的勢力越來越大，君主的權力越來越小了。國家社會的情形亂得利害。為了政權發生了許多[35]臣子殺諸候，兒子殺父親的事情。社會的秩序沒有了，國家的基礎動搖了。就在這個時候，[33]孔子為了改變這種不道德的風氣[34]，在政治方面他特別把君主和臣子之間的分別弄得很清楚，定[36]了各種各樣的禮節，希望大家遵守。他認為君主是一國的領[37]袖，只要領袖以身作則[41]，整個兒的社會自然就受他的影響。在[38]他所提倡的政治思想裏，他把君主的地位提高了很多。他希[39]望把已經動搖的君主制度[43]重新建立起來，但是他的政治思[40]想當時並沒被採用[46]。[44][45]

[42]春秋時代諸候之間戰爭的結果，最後變成七國。這七國中最強的是秦國。其他六國常常聯[47]合起來打它。秦國對其他六國的政策是先用外交方[49]法造成六國之間的衝突[50]，然後派軍[48][51]

隊一個一個的去打他們。結果六國一個一個的都被秦國滅了。秦國最後統一了中國。

戰國時期是中國政治上變動[52]得最利害的時期。這個時期中國政治最大的特點是當時的七國各[53]自都有一個政府，各自實行政治、經濟、社會的改革，把封建制度完全破壞[55]了。最後，秦國[54]滅了六國，建立了一個統一的政府。

Lecture 7

TRADITIONAL GOVERNMENT (2)

VOCABULARY

1.	jyéshù	結束	FV:	conclude; terminate
2.	wáng	王	N:	king; prince; ruler
3.	hwángdì	皇帝	N:	emperor
4.	măndzú	滿足	FV:	satisfy
5.	yāuchyóu	要求	N/FV:	need, demand, request/demand, request
6.	Chín Hàn	秦漢	N:	Ch'in (Dynasty) and Han (Dynasty)
7.	sywéshwō	學說	N:	theory (of a school of thought)
8.	ywándzé	原則	N:	principle
9.	mìnglìng	命令	N:	order
10.	jyūn	君	N:	emperor
11.	lĭlwùn	理論	N:	theory
12.	jídyǎn	極點	N:	extreme, utmost
13.	syǎngshòu	享受	N:	enjoyment
14.	jwānjr̀	專制	SV/N:	be autocratic/autocracy
15.	chyǎngpwò	强迫	FV:	force, compel
16.	dzwògūng	作工	VO:	work (manual)
17.	nàshwèi	納稅	VO:	pay tax
18.	búdwànde	不斷的	A:	constantly, incessantly

búdwànde shwō le yíge jūngtóu
(talked constantly for an hour)

búdwànde lái kàn wǒ
(comes to see me constantly)

19.	syàng	向	CV:	toward; to; from

syàng dūng dzǒu
(walk toward the east)

syàng tā shwō
(to speak to him)

syàng tā yāuchyóu
(to demand from him)

20.	chĭnlywè	侵略	FV/N:	encroach upon; invade/invasion

53

21. dǐkàng	抵抗	FV/N:	resist/resistance
22. wǎngwǎng	往往	MA:	often
23. fǎndwèi	反對	FV:	oppose, to be against
24. dzwò	作	FV:	be, (act) as

dzwò lǐngsyòu
(be a leader)

wǒmen dzwò sywésheng de
(we as students)

25. fángbèi	防備	FV:	take precaution against
26. jywédwèi	絕對	AT/A:	absolute/absolutely
27. Swéi-Táng	隋唐	N:	Sui (Dynasty) and T'ang (Dynasty)
28. jǎngdà	長大	RV:	grow up
29. "yì rén jř syà, wàn rén jř shàng"	"一人之下萬人之上"		"be under one man but above all the rest of the people (ten thousand people)"
30. túngyi	同意 10/11	N/FV:	consent/agree; agree with

Wǒ túngyi.
(I agree.)

Wǒ gēn ni túngyi.
(I agree with you.)

Wǒ túngyi nǐde shwōfǎ.
(I agree with your theory.)

31. hédzwò	合作	N/FV:	cooperation/cooperate

gēn tā hédzwò
(to cooperate with him)

32. jūngsyīn	忠心	SV:	be loyal (to a monarch or a master)

dwèi tā hěn jūngsyīn
(be very loyal to him)

33. syìnrèn	信任	FV:	trust

hěn syìnrèn tā
(to trust him a great deal)

34. jyūnchywán	君權	N:	power of a monarch
35. syàngchywán	相權	N:	power of a prime minister
36. pèihé	配合	N/FV:	coordination/coordinate
37. jyànjyande	漸漸的	A:	gradually
38. Sānshěngjìrdu	三省制度	N:	Three Department System

38.1	shĕng	省	M: the 'department' (of the Three Department System)
39.	jŕchywán	職權	N: function; duties (of an office)
40.	jŭyàu	主要	AT: main, chief, essential
41.	mùdi	目的	N: purpose
42.	chywán	權	N: power, authority
43.	jīgwān	機關	N: organization (usually governmental)
44.	wánchéng	完成	FV: accomplish
45.	yùshř	御史	N: a censor (ancient Chinese title)
46.	fùdzé	負責	FV/SV: be responsible

Tā fùdzé jèijyàn shř.
(He is responsible for this affair.)

Tā fùdzé gwăn jèijyàn shř.
(He is responsible for taking care of this matter.)

47.	yùshřdàfū	御史大夫	N: chief censor (ancient Chinese title)
48.	syíngjèng	行政	N: administration
49.	lǐchăng	立場	N: standpoint
49.1	jàndzai ... de lichang lài V	站在···的立場來	looking from the standpoint of . . .

jàndzai yùshřde lichăng lái kàn
(looking from the standpoint of a censor)

50.	fălìng	法令	N: law; ordinance; law and ordinance
51.	héfă	合法	SV: be legal, lawful
52.	gùngsyàn	貢獻	N: contribution

DÌCHÍJYĂNG

Jūnggwode Chwántŭng Jèngjr̀ (2)

Chíncháu ba Jūnggwo tŭngyī yǐhòu, jyéshùle fēngjyàn jr̀du, jyànlile yige tŭngyī-de gwójyā. Fēngjyàn shŕdài de jyūnjŭ jyàu 'wáng,' tŭngyī yǐhòu de jyūnjŭ jyàu 'hwángdî.' Tŭngyi yihòu de Jūnggwó dîfang dà le, shr̀ching dwō le, fēngjyàn shr̀dài de jyūnjŭ jr̀du yǐjing bunéng mǎndzú tŭngyi gwójyā de hwángdi de yāuchyóu, yúshr̀ Chín-Hàn de jèngjr sywéjě jyòu gēnjyu yǐchyán jyūnjŭ jr̀du de jīchŭ, yòu jyànlile yitàu syīnde jyūnjŭ chywánli de jèngjr sywéshwō.

Jeige syīnde sywéshwō, ywándzéshang hái shr shwō jyūnjŭ shr 'shòu mìng yú tyān,' dànshr he gŭdài swo shwō de 'shòu mìng yú tyān' dzai yìszshang wán-chywán butúng. Yichyánde jèngjr sywéjě shwō jyūnjŭ shr shòu tyānde mìngling lai tŭngjr̀, kěshr Chín-Hàn de jèngjr sywéjě shwō 'jyūn' jyòu shr 'tyān,' 'tyān' jyòu shr 'jyūn.' Jèige lilwun ba jyūnjŭde chywánli tîdau dzwèi gāu de dîwei, jyūnjŭjr̀du jei shr̀hou fājǎn dàule jídyǎn.

Hòulái hen dwō cháudài de hwángdi yīnwei tài dẑsz̄, wèile dẑjǐde syǎngshòu, chángcháng yùng jwānjr̀de fāngfa chyǎngpwò rénmín dzwògūng, nàshwèi. Túngshŕ yīnwei byānjyāng shǎushù míndzú manmārde chyángle, budwànde syàng Jūnggwo-běnbù chīnlywè, yousyē cháudài wèile dǐkàng chīnlywe, wǎngwǎng jyāchyáng tŭng-jr̀, dzàuchéng fǎndwèi rénmín yîsz de jwānjr̀. Ywánchaude Méngguren hé Chīng-cháude Mǎnjōuren, dau Jūnggwo lai dzwò hwángdi yihòu, wèile fángbèi Hànren de fǎnkàng, gèng yau shr̀syíng jywédwèide jwānjr̀, jyūnjŭ jr̀du manmārde byànchéng jwānjr̀de jyūnjŭ jr̀du le.

Yǐ cháudai láishwō, Jūnggwo jyūnjŭ jr̀du de fājǎn dàgài kéyi fēnchéng sānge shŕchī: diyíge shŕchī shr Chín-Hàn yichyán, jèi shr jyūnjŭjr̀du de jyànlî shŕchī. Dièrge shŕchī shr Chín-Hàn dau Swéi-Táng, jei shr jyūnjŭ jr̀du de jǎngdà shŕchī. Disānge shŕchī shr yóu Sùngcháu kāishr̀, jyūnjŭ jr̀du mànmār byànchéngle jwān-jr̀de jyūnjŭjr̀du le.

Gwochyù jichyánnyán lái dzai Jūnggwo jyūnjŭ jr̀du jūng de yíge tèdyǎn jyòushr chéngsyàng jr̀du. Chéngsyàngde gūngdzwò shr bāngjù jyūnjŭ gwǎnlǐ gwójyāde shr̀chíng, tāde dîwei shr 'yí rén jr̄ syà, wàn rén jr̄ shàng.' Jyūnjŭ ba gwǎnlǐ gwó-jyā de chywánli dōu jyāugei ta, dànshr ta swǒ bàn de shr̀ dou děi jīnggwo jyūn-jŭde túngyî. Dzai Chín-Hàn shrdài jyūnjŭ gen chéngsyàng jr̄jyān hédzwòde chíngsying fēicháng hǎu, chéngsyàng dwèi jyūnjŭ jywédwèide jūngsyīn, jyūnjŭ

dwèi chéngsyàng ye jywédwèide syìnren. Kěshr dàule hòulái yīnwei chéngsyàng-
de chywánli tài dà le, jyūnchywán he syàngchywán de pèihé wèntí jyòu chángcháng
dzàuchéng syǔdwō jèngjr wèntí.

Dàule Hànwǔdîde shŕhou kāishŕ bǎ chéngsyàngde chywánli fēnkāi, jyànjyānde
syíngchéng sānshěngjŕdu. Jei sānshěngde míngdz he jŕchywán, měi yige cháudai
dōu bùyiyàng, bugwò jǔyàude mùdi jyòushr ba chéngsyàngde dà chywán fēnkāi,
byànchéng jige jīgwān yìkwàr lai gwǎnlǐ gwójyade shŕching. Sānshěngjŕdu tsúng
Hàncháu kāishŕ dàu Swéi-Táng yǐjing jèngshr wánchéng. Dàu Sùngcháu yihòu
jyūnjǔ jŕdu manmār byànchéng jwānjŕ, chéngsyàng he sānshěng de chywánli ywè
lái ywè syǎu le.

Jyūnjǔ jŕdu de lìngwài yige tèdyǎn jyòushr jyānchájŕdu. Jūnggwode jyānchá-
jŕdu dzai Jōucháu de shŕhou jyòu kāishŕ le. Jàngwóde shrhou jūhóu dou yǒu
yùshŕ lai fùdzé jyānchá gūngdzwo. Chín-Hànshrdài gwǎnlǐ chywángwó jyānchá
de nèige ren jyàu yùshŕdàfū. Chywángwó ge dìfang de jèngfǔ jīgwān dōu yǒu ta
pài de ren gwǎn jyāncháde shŕching.

Dzai jèngjŕ dzǔjrshang, yùshŕdàfu he chéngsyàng, yíge gwǎn jyānchá, yíge
gwǎn syíngjèng. Tamen dōu dwèi jyūnjǔ fùdzé, gwójyā yǒu shř de shrhou chéng-
syàng tsúng syíngjèngde lìchǎng syàng jyějywéde bànfa, yùshŕdàfū tsúng fǎlìng
de lìchǎng, kan chéngsyàngde bànfa shr bushr héfǎ. Jèijǔng jèngjr jŕdu dzai
Jūnggwode Chín-Hànshrdài yǐjing jèngshŕ jyànlìchilai le. Jèijung jŕdu budàn shr
Jūnggwo jèngjr he jèngjr jŕdu de jīběn jīngshen, érchyě dwei shŕjyè jèngjr jŕdu
shř yijǔng gùngsyàn.

第七講　中國的傳統政治(二)

秦朝把中國統一以後，結束了封建制度，建立了一個統一的國家。封建時代的君主叫「王」[1]，統一以後的君主叫「皇帝」[2]。統一以後的中國地方大了，事情多了，封建時代的君主制度已經不能滿足統一國家的皇帝的要求[4]，於是秦漢的政治學者就根據以前君主制度的基礎，又建立了一套新的君主權力的政治學說[5]。

這個新的學說，原則上還是說君主是「受命於天」[6]，但是和古代所說的「受命於天」[7]在意思上完全不同。以前的政治學者說君主是受天的命令來統治，可是秦漢的政治學者說「君」[8]就是「天」，「天」就是「君」[9]。這個理論把君主的權力提到最高的地位[10]，君主制度這時候發展到了極點[11]。

後來很多朝代的皇帝因為太自私，為了自己的享受[12]，常常

用專[14]制的方法強[15]迫人民作工納稅[16]。同時因[17]爲邊疆少數民族

慢慢兒的強了，不斷[18]的向[19]中國本部侵略[20]，有些朝代爲了抵抗[21]

侵略[22]，往往加強統治，造成反對[23]人民意思的專制。元朝的蒙古

人和清朝的滿洲人到中國來作[24]皇帝以後，爲了防備[25]漢人的

反抗，更要實行絕[26]對的專制，君主制度慢慢兒的變成專制的

君主制度了。

以朝代來說，中國君主制度的發展大概可以分成三個時

期：第一個時期是秦漢以前；這是君主制度的建立時期第二

個時期是秦漢到隋[27]唐；這是君主制度的長[28]大時期第三個時

期是由宋朝開始；君主制度慢慢兒變成了專制的君主制度

了。

過去幾千年來在中國君主制度中的一個特點就是丞相

制度。丞相的工作是幫助君主管理國家的事情，他的地位是

「一人之下萬人之上」。君主把管理國家的權力都交給他，但是他所辦的事都得經過君主的同意。在秦漢時代君主跟丞相之間合作的情形非常好，丞相對君主絕對的忠心，君主對丞相也絕對的信任。可是到了後來，因為丞相的權力太大了，君權和相權的配合問題就常常造成許多政治問題。

到了漢武帝的時候開始把丞相的權力分開，漸漸的形成三省制度。這三省的名子和職權，每一個朝代都不一樣，不過主要的目的就是把丞相的大權分開，變成幾個機關一塊兒來管理國家的事情。三省制度從漢朝開始，到隋唐已經正式完成。到宋朝以後君主制度慢慢兒變成專制，丞相和三省的權力越來越小了。

君主制度的另外一個特點就是監察制度。中國的監察制度在周朝的時候就開始了。戰國的時候諸候都有御史來負

責監察工作。秦漢時代管理全國監察的那個人叫御史大夫[47]、

全國各地方的政府機關都有他派的人管監察的事情。

在政治組織上，御史大夫和丞相：一個管監察，一個管行政[48]。

他們都對君主負責。國家有事的時候丞相從行政的立場想[49]，

解決的辦法；御史大夫從法令[50]的立場，看丞相的辦法是不是

合法[51]這種政治制度在中國的秦漢時代已經正式建立起來

了。這種制度不但是中國政治和政治制度的基本精神，而且

對世界政治制度是一種貢獻[52]。

PRESENT GOVERNMENT (1)

VOCABULARY

1.	dzai . . . jr̄syà	在…之下		under
				dzài jèijung chíngsying jr̄syà (under this circumstance)
2.	dìng tyáuywē	訂條約	VO:	sign treaty
2.1	tyáuywē	條約	N:	conclude a treaty
3.	mǎnyì	滿意	SV:	be satisfied
4.	lǐngdǎu	領導	FV/N:	lead/leadership
5.	Gwómíngémìng	國民革命	N:	National Revolution (of China, 1911)
5.1	gwómín	國民	BF:	national
6.	Mǎnchǐng	滿清	N:	Manchu (government), Ch'ing (government)
7.	shŕjì	實際	SV:	be actual; practical
				Jèige fāngfǎ hěn shŕjì. (This method is very practical.)
8.	Sānmínjǔyì	三民主義	N:	Three People's Principles
9.	Míndzújǔyì	民族主義	N:	Principle of Nationalism
10.	Mínchywánjǔyì	民權主義	N:	Principle of Democracy
10.1	mínchywán	民權	N:	powers of the people
11.	Mínshēngjǔyì	民生主義	N:	Principle of National Livelihood
11.1	mínshēng	民生	N:	the livelihood of the people
12.	dúlì	獨立	AT/FV:	independent/to be independent
13.	jǔjāng	主張	FV/N:	advocate/what are advocated
14.	V_1 (O) lái V_2 (O)	V_1(O)來V_2(O)		V_1 (O) in order to V_2 (O)
				mǎi lái yùng (to buy it in order to use)
				mǎi bǐ lái syě dž (to buy a pen in order to write)
15.	shànggwěidàu	上軌道	SV:	be on the right track, systematic
16.	chyǔsyāu	取消	FV:	eliminate, abolish
17.	pínfùbùjyūn	貧富不均		unequal distribution of wealth
18.	syànsyàng	現象	N:	phenomenon

19. dádàu	達到	FV:	attain, reach
20. jyàngwó	建國	BF:	build up a nation, establishing a nation
21. Jyūnjèngshŕchī	軍政時期	N:	Period of Military Government
22. jyūnfá	軍閥	N:	warlord
23. dǎdǎu	打倒	RV:	overthrow, knock down
24. Syùnjèngshŕchī	訓政時期	N:	Period of Political Tutelage
25. syùnlyàn	訓練	FV/N:	train/training
26. Syànjèngshŕchī	憲政時期	N:	Period of Constitutional Government
27. Gwómíndàhwèi	國民大會	N:	National Assembly
28. jŕdìng	制定	FV:	enact; adopt (constitution)
29. syànfǎ	憲法	N:	constitution, constitutional law
30. Jyǎng Jyèshŕ	蔣介石	N:	Chiang Kai-shek (1887–)
31. Běifá	北伐	N:	the Northern Expedition (1926–1928)
32. búsyìng	不幸	MA:	unfortunately
33. rěnnài	忍耐	FV:	to bear with, to have patience
34. Kàngjàn	抗戰	FV/N:	to fight against the Japanese Aggression (1937–1945)/The War to Resist Japanese Aggression (1937–1945)
35. shènglì	勝利	FV/N:	win a victory/victory
36. dzài gwójìshàng de	在國際上的		international
36.1 gwójì	國際	BF:	international
37. jyànshè	建設	FV/N:	construct, reconstruct/construction, reconstruction
38. gùngchǎndǎng	共產黨	N:	the Communist party; member of the Communist party
38.1 dǎng	黨	M/N:	party (political)
39. fādùng	發動	FV:	launch, stage (an attack or war)
40. nèijàn	內戰	N:	civil war
41. jànlǐng	佔領	FV:	occupy, take by force
41.1 jàn	佔	FV:	occupy, take by force
42. Wǔchwánsyànfǎ	五權憲法	N:	Five-power Constitution
43. yàudyǎn	要點	N:	essential point

44.	dzǔngtǔng	總統	N:	president (of a country)
45.	fù	副	BF:	vice-, deputy, co-
46.	ywàn	院	N:	yüan, department (governmental)
47.	Lìfǎywàn	立法院	N:	Legislative Yüan
48.	Sźfǎywàn	司法院	N:	Judicial Yüan
49.	Syíngjèngywàn	行政院	N:	Executive Yüan
50.	wěiywán	委員	N:	member (of a committee or certain governmental organizations)
51.	sywǎnjyǔ	選舉	FV/N:	vote for, elect/election
52.	gwóhwèi	國會	N:	congress, parliament
53.	nèigé	內閣	N:	the cabinet
54.	Syīyáng	西洋	PW:	Occident, West

DÌBĀJYǍNG

Jūnggwo Syàndài de Jèngfǔ hé Jèngjr̀ (1)

Jyúnjǔ jr̀du dzai Sùngchau yihòu byàncheng jwānjr̀de jyúnjǔjr̀du. Jūnggwo dzai jwānjr̀ jèngfǔ de tǔngjr̀ jr̄syà manmār rwòle. Dàule Chīngchau mwònyán Jūnggwode jèngjr̀ gèng fǔbài, yóuchishr̀ Yǎpyànjànjēng yihòu, Jūnggwo gen wàigwo dìngle hen dwō bùpíngděng tyáuywē, Jūnggwo rénmín dwei jèngfǔ ywè lái ywè bùmǎnyì. Swūn Jūngshān syānsheng dzai yī̄bājyǒusżnyán kāishr̀ lǐngdǎu Gwómíngémìng, yǐjŕ dàu yī̄jyǒuyīyīnyán tsái twēifānle Mǎnchīngjèngfǔ, jyànlìle Jūnghwámíngwó.

Swūn Jūngshān syānsheng yìfāngmyan yánjyou Syīfang gègwó de jèngjr̀ jŕdu, yìfāngmyan gēnjyu Jūnggwo de shŕji chíngsying jyànlì dżjǐde jèngjr szsyǎng. Jèige jèngjr szsyǎng jyòushr ta swǒ tíchàng de Sānmínjǔyì: Mǐndzújǔyì, Mínchywánjǔyì, Mínshēngjǔyi. Swūn Jūngshān syānshengde Mǐndzújǔyì, yìsz shr: Jūnggwode gè mǐndzú děi lyánhechilai. Ta tíchàng Mǐndzújǔyi de mùdi shr shř Jūnggwo rénmín yǒu gwójyā gwānnyàn, shř Jūnggwo gè mǐndzú píngděng, shř Jūnggwo byàncheng yíge dúlìde gwójyā. Swūn Jūngshān syānsheng shwō mínchywán jyòushr rénmínde jèngjr lǐlyang. Ta jǔjāng rénmín yàu yǒu sżjung chywán, jèngfǔ yàu yǒu wújung chywán, rénmín yùng sżjung chywán lái gwǎnlǐ jèngfude wújung chywán, lyǎngfāngmyànde lìlyang pèihechǐlai, jèngjr̀ tsái néng shànggwěidàu. Swūn Jūngshān syānsheng shwō mínshēng jyòushr rénmínde

shēnghwo.   Mínshēngjǔyî de mùdi shr yàu jyějywé rénmín shēnghwo de wèntí,
chyǔsyāu pínfùbùjyūn de syànsyang, dzàucheng rénmín jīngjî dîwei de píngděng.

Wèile dádàu jèi sānge mùdi, Swūn Jūngshān bǎ jyàngwógūngdzwò fēnchéng
sānge shŕchî: diyī shr Jyūnjèngshŕchî.   Yīnwei Jūnghwámíngwó jyànli yihòu,
běifāng hái yóu hen dwō jyūnfá, Jyūnjèngshrchîde gūngdzwò jyòu shr yau dǎdǎu
jyūnfá, tǔngyī Jūnggwó.   Dièr shŕ Syùnjèngshrchî.   Syùnjèngshrchîde gungdzwo
jyòushr yàu syùnlyàn rénmín dzěmma yùng tamende chywánli.   Děng rénmín ba
gwānyu mínjǔ jèngjr de jŕshr dou sywéhwèile yǐhòu, jyòu dàule disānge shrchî,
jyòushr Syànjèngshrchî.   Jei shrhou kāi Gwómíndàhwèi, jŕdìng syànfǎ.

Yījyǒuèrlyòunyán chíywè Jyǎng Jyèshŕ syānsheng lǐngdǎu Běifá, tǔngyīle
Jūnggwo.   Dzai Nánjīng chénglî Gwómínjèngfǔ, yúshŕ wánchéngle Jyūnjèngshr-
chîde gūngdzwò.   Dànshr búsyîng dzai Jūnggwo tǔngyī yihòu, R̀běn budwànde syàng
Jūnggwo chīnlywe, hòulái Jūnggwo shŕdzài méiyou fádz rěnnài le, yǐjyǒusān-
chīnyán kāishŕ kàngjàn.   Yījyǒuszyīnyán R̀běn gen Měigwo dzai Tàipingyángshang
ye dáchilaile, yúshr Dièrtsz̀ Shŕjyedàjàn jyòu kāishŕ le.

'Bānyán kàngjàn' jyéshù, Jūnggwo shènglile.   Wàigwo gen Jūnggwo dìngde bu-
píngděng tyáuywē dōu chyǔsyāule.   Jūnggwo dzai gwójîshàng de dîwei tígāule.
Jūnggwo běnlái kéyi kāishŕ hépíng jyànshè de gūngdzwò, kěshr yīnwei Jūnggwo
Gùngchǎndǎng fādùng nèijàn, Jūnggwode chíngsying gèng lwànle.   Hòulái Gùng-
chǎndǎng jànlǐngle jěnggèr Jūnggwo dàlù, Jūnghwámíngwó jèngfǔ jànshŕ bāndàu
Táiwān.

Swéirán jīnggwo jèiyàng budwànde jànjēng, Gwómínjèngfǔ hái shr ànjàu Swūn
Jūngshān syānsheng běnláide jîhwa, tsúng Syùnjèngshrchî dzǒudau Syànjèngshr-
chî.   Jūnggwo dzai yǐjyǒuszz̀chīnyán kāile dìyītsz̀ Gwómíndahwèi, jŕdìngle Jūnggwo-
de syànfǎ.

Jūnggwode syànfǎ shr gēnjyu Swūn Jūngshān syānsheng Wǔchywánsyànfǎde
ywándzé jŕdìngde.   Wǔchywánsyànfǎde yàudyǎn shr dzài dzǔngtǔng he fù-dzǔngtǔng
jŕsyà yǒu wǔge ywàn: jyòushr Lìfǎywàn, Sz̀fǎywàn, Syíngjèngywàn, Kǎushŕywàn,
Jyāncháywàn.   Jyāncháywànde gūngdzwò gen Jūnggwo jyūnjǔ shŕdai yùshŕdàfúde
gūngdzwo chàbudwō.   Jyāncháywàn he Lìfǎywàn de wěiywán dou shr rénmín
sywǎnjyǔchulaide, swóyi youyidyǎr syàng Měigwode Gwóhwèi.   Jei wǔge ywàn
litou, Syíngjèngywànde gūngdzwò dzwèi dwō, yǒudyǎr syàng jyūnjǔ shrdài de
chéngsyàng he Yīnggwode Nèigé.   Tsúng jèr women kéyi jŕdau Swūn Jūngshān
syānshengde jèngjr sz̀syǎng shr tsǎiyùng Jūnggwo he Syīfang gwójyā lyǎngfāng-
myànde hǎuchu.   Jūnggwo syàndzàide jèngjr jŕdu shr Jūnggwo chwántǔng jèngjŕ
jŕdu he Syīyángde jèngjŕ jŕdu héchéngde yîjung syīnde jèngjr jŕdu.   Jūnghwámíng-
wó jèngfǔ jyòushr gēnjyu jèige Wǔchywánsyànfǎ dzǔjrde.

第八講　中國現代的政府和政治 (一)

君主制度在宋朝以後變成專制的君主制度。中國在專制[1]政府的統治之下慢慢兒弱了。到了清朝末年中國的政治更腐敗，尤其是鴉片戰爭以後，中國跟外國訂[2]了很多不平等條約，中國人民對政府越來越不滿意。[3]孫中山先生在一八九四年開始領導國民革命，[4]一直到一九一一年才[5]推翻了滿清政[6]府，建立了中華民國。

孫中山先生一方面研究西方各國的政治制度，一方面根據中國的實際情形[7]建立自己的政治思想。這個政治思想就是他所提倡的三民主義：[8]民族主義、民權主義、[9]民生主義。孫中山先生的民族主義意思是：[10]中國的各民族得聯合起來。他提[11]倡民族主義的目的是使中國人民有國家觀念，使中國各民族平等，[12]使中國變成一個獨立的國家。孫中山先生說民權就

是人民的政治力量。他主張人民要有四種權，政府要有五種[13]

權。人民用四種權來管理政府的五種權[14]，兩方面的力量配合

起來，政治才能上軌道。孫中山[15]先生說民生就是人民的生活。

民生主義的目的是要解決人民生活的問題[16]；取消貧富不均[17]

的現象[18]，造成人民經濟地位的平等。

為了達到[19]這三個目的，孫中山把建國[20]工作分成三個時期：

第一是軍政時期[21]。因為中華民國建立以後，北方還有很多軍[22]

閥，軍政時期的工作就是要打倒[23]軍閥，統一中國。第二是訓政

時期。訓政時期的工作就是要訓練[25]人民怎麼用他們的權力。[24]

等人民把關於民主政治的知識都學會了以後，就到了第三

個時期，就是憲[26]政時期。這時候開國民[27]大會制定[28]憲[29]法。

一九二六年七月蔣[30]介石先生領導北伐[31]，統一了中國。在南

京成立國民政府，於是完成了軍政時期的工作。但是不幸[32]在

中國統一以後，日本不斷的向中國侵略，後來中國實在沒有法子忍耐了[33]，一九三七年開始抗戰[34]。一九四一年日本跟美國在太平洋上也打起來了，於是第二次世界大戰就開始了。

八年抗戰結束，中國勝利了[35]。外國跟中國訂的不平等條約都取消了。中國在國際上的地位提高了[36]。中國本來可以開始和平建設的工作[37]，可是因為中國共產黨發動[38]內戰[39]，中國的情形更亂了。後來共產黨佔領了整個兒中國大陸[40]，中華民國政府暫時搬到臺灣[41]。

雖然經過這樣不斷的戰爭，國民政府還是按照孫中山先生本來的計劃：從訓政時期走到憲政時期。中國在一九四七年開了第一次國民大會，制定了中國的憲法。

中國的憲法是根據孫中山先生五權憲法[42]的原則制定的。

五權憲法的要點[43]是在總統和[44]副總統[45]之下有五個院[46]：就是立[47]

法院、司法院[48]、行政院、考試院、監察院。監察院的工作跟中國君主時代御史大夫的工作差不多。監察院和立法院的委員都是人民選舉出來的[51]，所以有一點兒像美國的國會[52]這五個院裏頭，行政院的工作最多，有點像君主時代的丞相和英國的內閣。從這兒我們可以知道孫中山先生的政治思想是採用中國和西方國家兩方面的好處。中國現在的政治制度是中國傳統政治制度和西洋[54]的政治制度合成的一種新的政治制度。中華民國政府就是根據這個五權憲法組織的。

PRESENT GOVERNMENT (2)

VOCABULARY

1. Jūnghwárénmín-gùnghégwó	中華人民共和國	N:	People's Republic of China
1.1 gùnghégwó	共和國	N:	republic
2. gwóchí	國旗	N:	national flag
3. syìnyǎng	信仰	FV/N:	believe (in religion, -ism)/belief (political, religious)
4. Mǎkèsż	馬克斯	N:	Marx (Karl, 1818–1883)
5. Lyèníng	列寧	N:	Lenin (Nikolai, 1870–1924)
6. chéngwéi	成爲	FV:	become
7. Míngwó	民國	N:	the Republic (of China, abbr. of 'Jūnghwámíngwó' 中華民國)
8. chūnyán	初年	N:	in the beginning years (of a dynasty or regime)
			Tángcháu chūnyán (in the beginning years of the T'ang Dynasty)
			Míngwó chūnyán (in the beginning years of the Republic)
9. fùchyáng	富强	SV:	be rich and strong (of a nation)
10. dżyóu	自由	SV/N:	be free/freedom
11. Gwómíndǎng	國民黨	N:	Kuomintang, the Nationalist party
12. Gwógùng lyǎngdǎng	國共兩黨	N:	the two parties, Nationalist and Communist
13. yìjyàn	意見	N:	opinion
14. Jyāngsyī	江西	PW:	Kiangsi (province)
15. Sūwéiāi-gùnghégwó	蘇維埃共和國	N:	Soviet Republic
16. gūngkāi	公開	A:	openly
17. jēngdwó	爭奪	FV:	fight for (power)
18. táudàu	逃到	FV:	escape to
18.1 táu	逃	FV:	escape, flee
19. Shǎnsyī	陝西	PW:	Shensi (province)

20. Èrwàn-wǔchyānlǐ Chángjēng	二萬五千里 長征	N:	the Long March of 25,000 li
21. lìyùng	利用	FV:	use, utilize; to make a tool of

                                  lìyùng jèige jīhwèi
                                  (to use this opportunity)

                                  lìyùng ta
                                  (to make a tool of him)

22. kwòchūng	擴充	FV:	expand
23. Hwáběi	華北	PW:	Northern China
24. dàgwēimwó	大規模	AT/A:	large scale
24.1 gwēimwó	規模	N:	scale, scope

                                  dàgwēimwóde gǎigé
                                  (to reform on a large scale)

25. gwónèi	國內	PW:	within the country
26. yánjùng	嚴重	SV:	be serious, critical
27. tyáujyě	調解	FV/N:	mediate/mediation
28. lyánhéjèngfǔ	聯合政府	N:	coalition government
29. shībài	失敗	FV/N:	fail, to be unsuccessful/failure
30. jyùjywé	拒絕	FV:	refuse; reject
31. sywānbù	宣佈	FV:	announce, proclaim
32. Jūnggùng	中共	N:	the Chinese Communists (abbr. of 'Jūnggwógùngchǎndǎng' 中國共產党)
33. tūnggwò	通過	FV:	pass (as a bill)
34. Chywángwórénmín- dàibyǎudàhwèi	全國人民 代表大會	N:	National People's Congress
34.1 dàibyǎu	代表	FV/N:	represent/representative; representation
35. Máu Dzédūng	毛澤東	N:	Mao Tse-tung (1893–)
36. jǔsyí	主席	N:	chairman
37. Jū Dé	朱德	N:	Chu Teh, long-time commander-in-chief of the Communist armed forces (1886–)
38. Gwówùywàn	國務院	N:	State Council (cabinet)
39. syāngdāngyú	相當於	EV:	be equivalent to
40. fùdzérén	負責人	N:	person in charge
41. gwówùdzǔnglǐ	國務總理	N:	premier
42. bùhwèi	部會	N:	ministries and committees

43. gǔnggù	鞏固	FV:	consolidate (foundation, position, regime)
44. mwòshōu	沒收	FV:	confiscate
45. fēnpèi	分配	FV/N:	distribute/distribution
46. chīngswàn	清算	FV:	liquidate
47. dìjǔ	地主	N:	landlord
48. rénmíngūngshè	人民公社	N:	people's commune
49. jyāngjyú	僵局	N:	deadlock
50. dǎkāi	打開	RV:	break up (a deadlock)
51. yùlyàu	預料	FV:	predict
52. jyúshr̀	局勢	N:	situation (political)
53. byànhwà	變化	N:	change
54. shŕjyān	時間	N:	time
55. syāngdāngde-shŕjyān	相當的時間		a certain period of time

DÌJYǑUJYǍNG
Jūnggwo Syàndàide Jèngfǔ he Jèngjr̀ (2)

Jūnggwogùngchǎndǎng yǐjyǒuszjyǒunyán jànle jěnggèrde Jūnggwo dàlù yihòu, chénglìle Jūnghwárénmín-gùnghégwó. Tamen yǒu syīnde gwóchí, gwógēr. Gùng-chǎndǎng syìnyǎng Mǎkèsz̄ Lyèníng jǔyì. Tamen yàu ba Jūnggwo byàncheng yíge shèhwèi jǔyì gwójyā, dzwèihòu chéngwéi yige gùngchǎn shèhwèi.

Syàndzài women jyǎndānde lái tányitan Jūnggwo-gùngchǎndǎngde lìshŕ. Dzai Chīngchau mwònyán Míngwó chūnyán, yìbānren yīnwei syǎng shǐ gwójyā fùchyáng, dúlì, dżyóu, dwei Syīyáng jèngjr jŕdu jèngjr szsyǎng dōu hěn yǒusyìngchyu, jyégwǒ gèjǔnggeyàngde jèngjr sywéshwō dōu chwándàu Jūnggwo láile. Gùngchǎn-jǔyì yě shr dzài jèige shŕhou chwándàu Jūnggwo láide. Jūnggwogùngchǎndǎng jyòu dzài yǐjyǒuèryīnyán chénglì.

Jūnggwogùngchǎndǎng chénglì yihòu, syān gen Gwómíndǎng hédzwò, keshr dàule yǐjyǒuèrchīnyán Běifá de shrhou, Gwógùng lyǎngdǎng yīnwei yìjyàn bùtúng jyòu fēnlyèle. Gùngchǎndǎng tsúng jèige shrhou chǐ, budàn kāishŕ dzǔjr dżjǐde jyūndwèi, bìngchyě dzai Jyāngsyī dūngnánbù jyànli Sūwéiāi-gùnghegwó, gūngkāide gen Gwómíndǎng jèngfǔ jēngdwó jèngchywán.

Hòulái Gwómínjèngfǔ pài jyūndwèi chyu dǎ tamen, Gùngchǎndǎng méi fádz, jyòu dzai yǐjyǒusānsżnyán líkai Jyāngsyǐ, jǐnggwo syīnán geshěng táudàuShěnsyǐ syīběibù. Jei jyòushr Gùngchǎndǎng swǒ shwō de Èrwàn-wǔchyānlǐ Chángjēng.

Kàngjàn kāishř yihòu, Gwógùng lyǎngdǎng wèile dǐkàng Řběn, shřsying dìèrtsż hédzwò. Gùngchǎndǎng lùyùng'bānyán kàngjàn'de jīhwèi, kwòchūng dżjǐde lìlyang. Dàule yǐjyǒuszwǔnyán bāywè Kàngjàn shènglì de shřhou, jěnggèr Hwáběi jishěng he Dūngběi chàbudwō dou bèi Gùngchandǎng jànle.

Kàngjàn shènglì yihòu, Gùngchǎndǎng kāishř fādùng dàgwēimwóde nèijàn. Jūnggwó gwónèi de chingsying fēicháng yánjùng. Měigwo jèngfǔ wèile jèijyan shř dzai yǐjyǒuszlyòunyán chwūntyan, pài ren dàu Jūnggwo lái tyáujyě, syīwang Gwógùng lyǎngdǎng dzǔjr lyánhéjèngfǔ, hépíng jyànshè Jūnggwo. Keshr jyégwǒ shřbàile. Gùngchandǎng jyùjywé tsānjyā Gwómíndàhwèi. Yǐjyǒuszbānyán Gwómínjèngfǔ gēnjyu Jūnggwode syīn syànfǎ dzai Nánjīng chénglì Jūnghwámíngwó jèngfǔ. Hòulái yīnwei Gùngchǎndǎngde shřli ywè lái ywè dà, yǐjyǒuszjyǒu-nyándǐ Jūnghwámíngwó jèngfǔ bāndàu Táiwān.

Gùngchǎndǎng yǐjyǒuszjyǒunyán shřywe yíhàu ye dzai Běijīng sywānbù chénglì Jūnghwárénmín-gùnghégwó. Jūnggùng jèngfǔ de dzǔjr shr ànjàu yǐjyǒuwǔsznyán Jūnggùng tūnggwòde syànfǎ dzǔjrde. Ànjàu jèige syànfǎ, gwójyāde dzwèi gāu chywánli jǐgwān shr Chywángwórénmín-dàibyǎudàhwèi. Chywángwórénmín-dàibyǎudàhwèi budàn shr dzwèi gāu de lìfǎ jǐgwān, yě yǒu chywánli jywédìng syíngjèngshangde shřching. Diyītsż Chywángwórénmín-dàibyǎudàhwèi dzai yǐjyǒuwǔsznyán kāihwèi de shrhou, sywǎnjyǔle Máu Dzédūng dzwo Jūnghwárénmíngùnghégwó jǔsyí, Jū De dzwò fùjǔsyí. Dzai jǔsyi he fùjǔsyí jřsyà, you yíge Gwówùywàn. Gwówùywàn syāngdāngyú Wǔchywánsyànfǎjūng de Syíngjèngywàn hé Syīfang gwójyā de nèigé. Gwówùywànde fùdzérén shr gwówùdzǔnglǐ. Syàtou you sżshrdwōge bùhwèi.

Jūnghwárénmín-gùnghégwó chénglì yihòu, tamen wèile gùnggù dżjǐde jèngchywán, shāszle hen dwō rén. Hòulái shřsying tǔdǐ gǎigé, ba chywángwó tǔdǐ wánchywán mwòshōu, chúngsyīn fēnpèi, kāishř chīngswàn dìjǔmen. Jyějyò you shřsying rénmíngūngshè jyégwǒ bìng méichénggūng. Jūnggùng jèngfǔ de jèngtsè syandzài hái dzài budwànde gǎibyànjūng. Jyānglái dàudǐ dzěmma fājǎn shřdzài nánshwō.

Gēnjyù jèi lyǎngjyǎng swo shwō de chíngsying, dàjyā kéyi kànchulai Jūnggwode jèngjr wèntí shřdzài hen fǔdzá. Jūnggùng jèngfǔ syàndzài dzài Jūnggwo dàlù,

Jūnghwámíngwó jèngfŭ dzai Táiwān, syíngchéngle yíge jèngjrde jyāngjyú. Jèige jyāngjyú dzĕmma dăkāi, shémma shrhou tsái néng dăkāi, shŕdzài hen nán yùlyàu. Bugwò yàushr ba Jūnggwo syàndzài de fŭdzá jyúshr̀ gen Jūnggwo jĭchyānnyán lìshr̀shangde byànhwa lai bĭjyău, jĭshŕnyán buāndìngde jyúshr, shŕdzài buswàn shemma. "Shŕjyān kéyi jyĕjywé yíchyè wèntí", Jūnggwode jèngjr wèntí jīnggwo yíge syāngdāngde shŕjyān yihòu ye yíding hwèi jyĕjywé de.

第九講　中國現代的政府和政治㈡

中國共產黨一九四九年佔了整個兒的中國大陸以後，成
立了中華人民共和國[1]。他們有新的國旗[2]、國歌兒。共產黨信仰[3]
馬克斯[4]列寧[5]主義。他們要把中國變成一個社會主義國家，最
後成[6]爲一個共產社會。
現在我們簡單的來談一談中國共產黨的歷史。在清朝末
年，民國[7]初年[8]，一般人因爲想使國家富強、獨立[9]、自由[10]，對西洋政
治制度政治思想都很有興趣，結果各種各樣的政治學說都
傳到中國來了。共產主義也是在這個時候傳到中國來的。中
國共產黨就在一九二一年成立。
中國共產黨成立以後，先跟國民黨[11]合作，可是到了一九二
七年北伐的時候，國共[12]兩黨因爲意見[13]不同就分裂了。共產黨
從這個時候起，不但開始組織自己的軍隊，並且在江西[14]東南

部建立「蘇維埃共和國」[15]，公開的跟國民黨政府[16]爭奪政權。[17]

後來國民政府派軍隊去打他們，共產黨沒法子就在一九

三四年離開江西，經過西南各省逃到陝西[18]西北部。[19]這就是共產

黨所說的「二萬五千里長征」。[20]

抗戰開始以後，國共兩黨為了抵抗日本，實行第二次合作。

共產黨利用[21]八年抗戰的機會，擴充[22]自己的力量到了一九四

五年八月抗戰勝利的時候，整個兒華北[23]幾省和東北差不多

都被共產黨佔了。

抗戰勝利以後，共產黨開始發動大規模[24]的內戰。[25]中國國民

的情形非常嚴重。[26]美國政府為了這件事，在一九四六年春天，

派人到中國來調解，[27]希望國共兩黨組織聯合政府，和平建設

中國。可是結果失敗了。[29]共產黨拒絕[30]參加國民大會。一九四八[28]

年國民政府根據中國的新憲法在南京成立中華民國政府。

後來因為共產黨的勢力越來越大，一九四九年底中華民國政府搬到台灣。

共產黨一九四九年十月一號也在北京宣佈成立中華人[31]民共和國。[32]中共政府的組織是按照一九五四年中共通過的憲法組織的。按照這個憲法：國家的最高權力機關是全國人[33][34]民代表大會。全國人民代表大會不但是最高的立法機關也有權力決定行政上的事情。第一次全國人民代表大會在一九五四年開會的時候，選舉了毛澤東[35]作中華人民共和國主[36]席，朱德[37]作副主席。在主席和副主席之下，有一個國務院。[38]國務院相當於五權憲法中的行政院[39]和西方國家的內閣。國務院的負責人是國務總理。[40][41]下頭有四十多個部會。[42]

中華人民共和國成立以後，他們為了鞏固[43]自己的政權，殺死了很多人。後來實行土地改革，把全國土地完全沒收[44]，重新分配，開始清算地主們，接着又實行人民公社[45]，結果並沒成功。中共政府的政策現在還在不斷的改變中，將來到底怎麼發展實在難說。[46]中共政府的政策現在還在不斷的改變中，將來到底怎麼發[47]展實在難說。[48]

根據這兩講所說的情形，大家可以看出來中國的政治問題實在很複雜。中共政府現在在中國大陸，中華民國政府在台灣，形成了一個政治的僵局。[49]這個僵局怎麼打開，甚麼時候[50]才能打開，實在很難預料。[51]不過要是把中國現在的複雜局勢[52]跟中國幾千年歷史上的變化來比較，幾十年的不安定的局[53]勢實在不算甚麼。「時間可以解決一切問題」[54]，中國的政治問題經過一個相當[55]的時間以後也一定會解決。

Lecture 10

THE TRADITIONAL SYSTEM OF AN AGRICULTURAL ECONOMY

VOCABULARY

1. yǐnúnglìgwó 以農立國 PH: to found a nation on agriculture

yíge yǐnúnglìgwóde gwójyā
(a nation which is founded on agriculture)

Jūnggwó yǐjǐ shř yǐnúnglìgwó de.
(China has always been a nation founded on agriculture.)

2. ywánshř 原始 AT: be primitive

3. V₁ (O) chyù V₂ (O) V₁(O)去V₂(O) V_1 (O) in order to V_2 (O) (cf. Lect. 8, Voc. 14)

4. Gūngtyánjìdu 公田制度 N: Public Fields System

4.1 gūngtyán 公田 N: public field

5. dānwèi 單位 N: unit

6. 'jǐng' dž "井"字 N: character 'jǐng'

7. sżjōuwéi 四周圍 PW: all around, on all sides

8. jyā 家 M: family

nèi yijyā rén
(people of that family)

9. núngmín 農民 N: farmer

10. yóu . . . V (N) 由···V be . . . -ed by . . .
(V)   (N)

Jèijyàn shř yīngdāng yóu tā gwǎn
(This affair should be managed by him.)

11. héjùng 合種 FV: jointly cultivate

12. shōu 收 FV: harvest; collect (payment)

13. lyángshr 糧食 N: food provisions; grain

14. dzwòwéi 作爲 FV: (to treat) as

gěi tā yǐjǐ bǐ dzwòwéi shēngřlǐ
(to give him a pen as a birthday gift)

15. tyánfù 田賦 N: land taxes

16. ānjyūlèyè 安居樂業 PH: to live in peace and be content with one's occupation

79

17.	jùjùng	注重	FV:	emphasize
18.	tŭdìsžyŏu-jr̀du	土地私有制度	N:	system of private ownership of land
19.	yĭntsž	因此	MA:	because of this
20.	jyǎnchīng	減輕	FV:	reduce

jyǎnchīng gūngdzwò
(to reduce work)

| 20.1 | jyǎn | 減 | FV: | deduct, subtract, minus |

jyǎn shwèi
(to reduce taxes)

èr jyǎn yī
(two minus one)

21.	fùshwèi	賦稅	N:	taxes
22.	gŭlî	鼓勵	FV/N:	encourage/encouragement
23.	jùngnúngyîshāng	重農抑商	PH:	to give importance to agriculture and restrain commerce
24.	gǎiyóu . . . V (N)	改由···V	be . . . -ed by . . . instead (V) (N)

Jèijyan shř tsúngchyán yóu tā gwǎn, syàndzài gǎiyóu wǒ lái gwǎnle.
(Formerly this business was managed by him, it is now managed by me instead.)

| 25. | jīngyíng | 經營 | FV: | manage, carry on (a business) |

jīngyíng yíge mǎimai
(to manage a business)

| 26. | fùdān | 負擔 | N/FV: | (financial) responsibility/to be responsible, shoulder the (financial) responsibility |
| 27. | jyājùng | 加重 | FV: | increase, become heavier |

jyājùng gūngdzwò
(to increase one's work)

28.	Jyūntyánjr̀du	均田制度	N:	Equal Fields System
29.	lĭng	領	FV:	get, receive (something to be issued)
30.	bùfen	部份	M:	portion, part
31.	jūngyè	中葉	BF:	the middle (period) of
32.	hùkŏudyàuchá	戶口調查	N:	census/take a census
32.1	hùkŏu	戶口	N:	population

32.2	dyàuchá	調查	N/FV: investigation; survey/investigate; survey
33.	'dzū, yūng, dyàu'	租庸調	N: 'land tax, corvée or tax paid to exempt one from a corveé, and duty on native products'
34.	yìwùláuyì	義務勞役	N: free labor, corvée
35.	tǔchǎn	土產	N: native products
36.	yǒu . . . kě . . . (N) (V)	有…可…	to have . . . to . . . , there are (N) (V) . . . which (one) may . . . (N) (V)

yǒu fàn kě chř
(to have food to eat)

37.	shōu shwèi	收稅	VO: collect taxes
38.	fánrúng	繁榮	SV: be flourishing, prosperous
39.	jyānbìng	兼	N: annexation
40.	Lyǎngshwèijř	兩稅制	N: Dual Taxation System
41.	jyāu	繳	FV: pay (a payment)
42.	gǎijìn	改進	FV/N: improve/improvement
43.	hòuchī	後期	TW: latter period
44.	shř jūng	始終	A: from beginning to end (not in the sense of completely), throughout an entire period of time (mostly negative)

shř jūng busyìn
(never believe)

45.	gēnběn	根本	A/BF: completely, fundamentally/fundamental
46.	jèngjřjyā	政治家	N: politician, statesman
47.	Wáng Ānshŕ	王安石	N: Wang An-shih (1021-1086, prime minister and famous political reformer of the Sung Dynasty)
48.	tséngjīng Vgwo	曾經 Vgwo	V-ed before, once V-ed

Wǒ tséngjīng sywégwo Jūngwén.
(I have studied Chinese before.)

49.	byànfǎ	變法	VO: reform (political)
50.	yīn(wei) . . . (A) ér . . . (B)	因(爲)…而	. . . because of . . . (B) (A)

yīn dzǔjř nèigé ér fāshēng de wèntí
(problems which arise because of the organization of the cabinet)

50.1 yīnér 因而

MA: thereby, thus

rénmíngūngshè yīnér shr̄bàile
(the people's commune thereby
failed)

51. yǐnchǐ 引起

FV: bring out, cause (to occur)

52. Yìtyáubyān 一條鞭

N: 'one whip' (system)

53. Ōuměi 歐美

PW: Europe and America

54. shēngchǎn 生產

N: production

55. jìngjēng 競爭

FV/N: compete/competition

DÌSHŕJYǍNG

Jūnggwo Chwántǔng de Núngyè Jīngji Jr̀du

Jūnggwo shr̀ yǐnúnglǐgwóde gwójyā. Jūnggwode núngyè dzai Syàchau jyòu
kāishr̄le. Bugwò nèi shrhou yíchyède jr̀du hái méijyànlichilai, swóyi jǐ néng
swànshr ywánshr̀de núngye jīngji shr̄dài. Dàule Shāngchau he Jōuchau shr̄syíng
fēngjyànjr̀du de shrhou, jyūnjǔ bǎ tǔdì fēngei jūhóu, jūhóu dzài fēngei lǎubǎisyíng
chyù gēngjùng, tǔdì bunéng dżyóu mǎi mài, jèi jyòushr Gūngtyánjr̀dude kāishr̄.
Jūhóu fēngei lǎubǎisyíng de tǔdì, měi yíge dānwèi dōu fēncheng jyǒukwài, syàng
yíge 'jǐng' dż shrde. Sżjōuwéide bákwài fēngei bājyā núngmín chyu jùng, dāng-
jūngde yíkwài yóu bājyā héjùng. Jèikwai dìshang shōu de lyángshr jyāugei jūhóu
dzwòwei tyánfù. Měige dānwèide bājyā núngmín dzai yíkwàr shēnghwo, yíkwàr
gūngdzwò, renrén ānjyūlèyè, swóyi núngyè syāngdāng fādá, shāngyè ye gēnje fā-
jǎnchilai.

Dàule Chwūnchyōu Jàngwó shr̄dài, jīngji chíngsyíng fāshēngle hen dà de byàn-
hwa. Rénmín kāishr̄ jùjùng shāngyè, tǔdì ye kāishr̄ kéyi dżyóu mǎi mài. Chín-
chau jèngshr̀ chyǔsyāule Gūngtyánjr̀du, shr̄syíng tǔdìsżyǒujr̀du, shèhwèishang
yīntsz̄ chǎnshēngle dìjǔ jyēji.

Hànchau chūnyán wèile shǐ lǎubǎisyíng dzai cháng shŕchǐ de jànjēng yǐhòu
yǒu yíge syōusyide jīhwei, jèngfǔ yìfāngmyan jyǎnchīng fùshwèi, yìfāngmyan gǔlì
rénmín gēngjùng, dzai jěnggèr gwójyā jīngjishang tsǎiyùng jùngnúngyìshāngde
jèngtsè, túngshŕ bǎ yán, tyě, jyǒu, sānjung mǎimai gǎiyóu gwójya jīngyíng. Jèi-
jung jīngji jèngtsè dzai Hànchau chūnyán hen chénggūng, kěshr hòulái yīnwei
cháng gen wàigwo dǎjàng, rénmín fùdān jyājùng, chyúngren ywè lái ywè dwō,
Dāngshŕ yǒuren jǔjāng tǔdì gǎigé, hwēifú tsúngchyán de Gungtyánjr̀du, kěshr
méiyou chénggūng.

Swéichau he Tángchau chūnyan shŕsyíngle yìjŭng Jyūntyánjŕdu, měige lǎubǎi-syìng keyi syàng jèngfŭ lĭng lyǎngjŭng tyán, yìjŭng shr dzai ta sžle yihòu děi hwángei jèngfŭ de, lìngwài yijŭng shr kéyi búbì hwán de. Jei kéyi shwō shr hwēi-fúle Gūngtyánjŕdu de yibùfen. Tángchau jūngyè yīnwei jèngjr hen lwàn, chywán-gwóde hùkŏudyàuchá hen buchīngchu, jèngfŭ bunéng gēnjyu hùkŏu chyu fēn tyán, Jyūntyánjrdu méi fádz shŕsyíng le, rénmín kāishŕ džyóu mǎi mài tŭdì, tŭdìszžyŏu jŕdu tsúng jèige shrhou chĭ jyànlìchilai le.

Tángchau dzai Jūnggwo lìshŕshang shr yíge fēicháng chyángshèngde cháudài, dzai jīngjishang hái tsǎiyùng Swéichaude fùshwèi jŕdu. Jèige jŕdu jyàu 'dzū, yūng, dyàu'. Dzū jyou shr tŭdì shwèi, yūng shr rénmín dwei gwójyā de yìwuláuyì, dyàu shr tǔchǎn shwèi. Nèi shrhou rénmín yŏu tyán kě jùng, shwèi yòu chīng, swóyi shēnghwo hěn hǎu. Dzai shāngyè fāngmyan jèngfŭ tsǎiyùng džyóu jīngji jèngtsè. Tángchau chūnyan rénmín budàn kéyi džyóu jīngyíng yán he tyě, érchyě jèngfŭ dwei jèijŭng mǎimai wánchywán bùshōu shwèi. Jèijŭng jyǎn shwèi he džyóu jīngji de jŕdu shŕ Tángchaude núngyè jīngji he shāngyè jīngji fēicháng fán-rúng.

Jyūntyánjŕdu chyŭsyāu yihòu, fāshēng tŭdì jyānbìng, pínfùbujyūn de syànsyàng. Jèige shrhou jèngfŭ dzai fùshwèi fāngmyan tsǎiyùngle Lyǎngshwèijŕ, jyòu shr rénmín měinyán syàtyan he chyōutyan jyāu lyǎngtsž shwèi. Jèi bĭ 'dzū, yūng, dyàu' jyǎndān dedwō, kěshr jŕ gǎijìnle fùshwèi jŕdu, bìngméijyějywé tŭdi wèntí, swóyi dzai Tángchau de hòuchī rénmín de shēnghwo syāngdāng kŭ.

Tángchau yíhòu Jūnggwode tŭdi wèntí shŕjūng méiyou gēnběn jyějywé. Sùng-cháu de yíwei dà jèngjrjyā Wáng Ānshŕ tsengjīng shŕsyínggwo byànfǎ, syīwang jyějywé yīn tŭdì wèntí ér yĭnchĭ de syŭdwō jīngji wèntí. Dànshr yīnwei ta dzai jèngfŭ gūngdzwò de shŕjyān hěn dwǎn, ta líkai jèngfŭ yihòu tade jèngtsè jyòu gēnje wánle.

Ywánchaude Méngguren běnlái jyòu bújùjùng núngyè, dwèi jèisye wènti dāngrán gèng méiyou bànfa. Dàule Míngchau, jèngfŭ wèile jyějywé núngye wènti dzai fùshwèi fāngmyan tsǎiyùngle Yìtyáubyān de bànfa, bǎ swŏyŏude tŭdi shwèi, tŭchǎn shwèi, he yìwuláuyì héchéng yìjung shwèi. Míngchau he Chīngchau rénmín de shēnghwo syāngdāng hǎu. Chīngchau hòuchī yīnwei Jūnggwo rénkŏu ywè lái ywè dwō, tŭdì bugòu fēnpèi, dzǎi jyāshang jèngjr fŭbài hé budwànde jànjēng, rénmínde shēnghwo hěn kŭ. Děngdàu Syīyáng shŕli dàudá Jūnggwo yihòu, Jūnggwo jyòushr-de núngyè jīngji méi fádz he Ōuměi syínde gūngshāngyè jŕdu he shēngchǎn fāngfǎ jìngjēng, Jūnggwode núngye jīngji yīnér kāishŕ dùngyáu.

第十講　中國傳統的農業經濟制度

中國是以農立國的國家。中國的農業在夏朝就開始了。不過那時候一切的制度還沒建立起來，所以只能算是原始的農業經濟時代。到了商朝和周朝實行封建制度的時候，君主把土地分給諸侯，諸侯再分給老百姓去耕種；土地不能自由買賣，這就是公田制度的開始。諸侯分給老百姓的土地，每一個單位都分成九塊，像一個「井」字似的。四周圍的八塊分給八家農民去種，當中的一塊由八家合種。這塊地上收的糧食交給諸侯作為田賦。每個單位的八家農民在一塊兒生活，一塊兒工作，人人安居樂業，所以農業相當發達；商業也跟着發展起來。

到了春秋戰國時代，經濟情形發生了很大的變化。人民開始注重商業；土地也開始可以自由買賣。秦朝正式取消了公

田制度，實行土地私有制度，社會上因此產生了地主階級。[18]|漢朝初年為了使老百姓在長時期的戰爭以後有一個休息的機會，政府一方面減輕賦稅，一方面鼓勵人民耕種；在整個兒國家經濟上採取重農抑商的政策。同時把鹽、鐵、酒三種買賣改由國家經營。這種經濟政策在|漢朝初年很成功，可是後來因為常跟外國打仗，人民負擔加重，窮人越來越多當時有人主張土地改革，恢復從前的公田制度，可是沒有成功。[19]

|隋朝和|唐朝初年實行了一種均田制度，每個老百姓可以向政府領兩種田：一種是在他死了以後得還給政府的，另外一種是可以不必還的。這可以說是恢復了公田制度的一部份。|唐朝中葉因為政治很亂，全國的戶口調查很不清楚，政府不能根據戶口去分田，均田制度沒法子實行了；人民開始自由買賣土地，土地私有制度從這個時候起就建立起來了。

唐朝在中國歷史上是一個非常強盛的朝代;在經濟上還是採用隋朝的賦稅制度。這個制度叫「租、庸、調」租[33]就是土地稅;庸是人民對國家的義務勞役;調[34]是土產稅。那時候人民有田[36]可種,稅又輕,所以生活很好。在商業方面政府採用自由經濟政策。唐朝初年人民不但可以自由經營鹽和鐵,而且政府對這種買賣完全不收稅[37]。這種減稅和自由經濟的制度使唐朝的農業經濟和商業經濟非常繁榮[38]。均田制度取消以後,發生土地[39]兼併,貧富不均的現象。這個時候政府在賦稅方面採用了兩[40]稅制:就是人民每年夏天和秋天繳[41]兩次稅。這比「租、庸、調」簡單得多,可是只改進了賦稅制[42]度,並沒解決土地問題;所以在唐朝的後期[43],人民的生活相當苦。

唐朝以後中國的土地問題[44]始終沒有根[45]本解決。宋朝的一位大政治家王安石[46]曾經實行變法[47][48]，希望解決因[49]土地問題而[50]引起的許多經濟問題。但是因為他在政府工作的時間很短，他離開政府以後他的政策就跟着完了。

元朝的蒙古人本來就不注重農業，對這些問題當然更沒有辦法。到了明朝，政府為了解決農業問題，在賦稅方面採用了一條鞭[52][51]的辦法，把所有的土地稅、土產稅、和義務勞役合成一種稅。明朝和清朝人民的生活相當好。清朝後期因為中國人口越來越多，土地不夠分配，再加上政治腐敗和不斷的戰爭，人民的生活很苦。等到西洋勢力到達中國以後，中國舊式的農業經濟沒法子和歐[53]美新的工商業制度和生產方法[54]競[55]爭，中國的農業經濟因而開始動搖。

CONTEMPORARY AGRICULTURE AND INDUSTRY

VOCABULARY

1.	jìndài	近代	AT: modern, contemporary
2.	núngtswūn	農村	N: farm village
3.	gūngjyù	工具	N: tool, instrument
4.	chà	差	SV: be inferior (seldom used alone)

hěn chà
(very inferior)

tài chà
(too inferior)

bǐjyǎu chà
(comparatively inferior)

chà yìdyǎr
(a little inferior)

chà dwōle, chà dedwō, chà hěn dwō
(much inferior)

5.	rénlì	人力	N: manpower
6.	chywēfá	缺乏	FV/N: lack, be short of/lack, shortage
7.	féilyàu	肥料	N: fertilizer
8.	jǔngdž	種籽	N: seed
9.	shēngchǎnlyàng	生產量	N: production output
10.	chíyúde	其餘的	N: the remaining, the rest
11.	yìbāndeshwō	一般的說	A: generally speaking
12.	tyándzū	田租	N: rent for farm land
13.	shōucheng	收成	N: harvest
14.	wéichŕ	維持	FV: maintain, sustain
15.	(dž)tsúng . . . yǐlái	(自)從···以來	since . . . , from . . . till now
16.	swǔnshŕ	損失	N/FV: loss/lose
17.	núngchǎnpǐn	農產品	N: agricultural produce
18.	gǎilyáng	改良	FV: improve
19.	jyùtǐ	具體	SV: concrete
20.	'píngjyūndìchywán'	平均地權	'equalization of land rights'
21.	chèdǐ	澈底	A/SV: thoroughly/thorough

22. shwěilì	水利	N:	water conservation and irriga- tion
23. Núngmínyínháng	農民銀行	N:	Farmers' Bank (of China, abbr. of 'Jūnggwó-núngmín-yínháng' 中國農民銀行)
23.1 yínháng	銀行	N:	bank
24. Shŕjyǒushŕjì	十九世紀	TW:	19th century
24.1 shŕjì	世紀	N:	century
25. gūngchǎng	工廠	N:	factory
26. kēsywé	科學	N/SV:	science/be scientific
27. défǎ	得法	SV:	be skillful, to have the knack of doing a thing
28. jìsyù	繼續	A/FV:	continuously/continue
29. twèichū	退出	FV:	withdraw
30. shŕchǎng	市場	N:	market
31. chènje	趁着···	CV:	take advantage of

chènje jèige jīhwei mǎi
(take advantage of this opportu-
nity and buy it)

chènje tā dzai jer gēn ta lǐng-
jyau lǐngjyau
(take advantage of his being
here and ask him for instruc-
tions)

32. shwāilwò	衰落	SV:	be weak, declining
33. jīngjìkǔnghwāng	經濟恐慌	N:	economic depression
34. shāngpǐn	商品	N:	goods, merchandise
35. dàlyàng	大量	A:	in large quantity
36. yùn	運	FV:	transport, ship
37. jíjūng	集中	FV:	concentrate; gather together
38. hòufāng	後方	PW:	the rear (during a war)
39. chīnggūngyè	輕工業	N:	light industry
40. yīnwei . . . de gwānsyi	因爲···的關係		because of . . .
41. jùnggūngyè	重工業	N:	heavy industry
42. wùdz̄	物資	N:	material
43. gùngyìng	供應	N/FV:	supply/supply
44. jyǎnshǎu	減少	FV:	reduce, decrease

45.	ywánlyàu	原料	N:	raw material
46.	dzēngjyā	增加	FV/N:	increase/increase
47.	wùjyà	物價	N:	price of commodities
48.	fā	發	FV:	issue
49.	chāupyàu	鈔票	N:	notes, paper money
50.	shr̄chyù	失去	FV:	lose
51.	syìnyùng	信用	N:	credit; trustworthiness
52.	dzǔjr̄	阻止	FV:	hinder, obstruct
53.	bùkěshōushr	不可收拾	AT:	irremediable
54.	dìbù	地步	N:	state, condition

DISHRYĪJYǍNG

Jìndài Jūnggwode Núngyè he Gūngyè

Dzai shàngyìjyángli women yǐjing tídau Jūnggwó shr ge yǐnúnglìgwó de gwójyā. Gēnjyù yījyǒusānlíngnyan jèngfǔ de dyàuchá Jūnggwo núngmín jàn chywán Jūnggwo rénkǒu de bǎifēnjr̄bāshŕ dzwǒyòu, swóyi núngtswūn wèntí shr yige fēicháng jùngyaude wèntí.

Jūnggwo núngtswūn dàudǐ you shémma wèntí ne? Diyī shr núngmínde tyán myànji tai syǎu, gēngjùngde gūngjyù tai chà, dzai Jūnggwo dàbùfende gēngjung dou shr kàu rénlì, dzài jyāshang chywēfá féilyàu, jǔngdž, swóyi shēngchǎnlyàng hen dī. Dièr shr gēngjùng dzjǐde tyán de núngmín tai shǎu. Gēnjyù yījyǒusānlíngnyánde dyàuchá, jèijǔng núngmín jr̄ jàn chywángwó núngmín de bǎifēnjr̄wǔshrèr. Dzū byérende tyán lai jùng de núngmín jàn bǎifēnjr̄-èrshrlyòu. Chíyúde shr dzjǐde tyán bugòu, hái děi dzū yíbùfen tyán jùng de núngmín. Yìbāndeshwō tyándzū dou hen gāu, chàbudwō shr shōuchéngde bǎifēnjr̄-wǔlyòushŕ dàu chībāshŕ. Shōuchéng buhǎu de shŕhou núngmín jyòu hen nán wéichŕ shēnghwo le. Disān shr dztsúng Míngwó yǐlái Jūnggwo budwànde fāshēng jànjēng. Měitsž jànjēng núngmín swo shòu de swǔnshr̄ dzwèi dà. Jyòu yǐ yījyǒusānchī dàu yījyǒusžwǔ de 'bānyán kàngjàn' shŕchī lái shwō, chywángwo núngtswūn chàbudwō yíbàn bèi pwòhwài, núngchǎnpǐnde swǔnshr̄ yǒu bǎifēnjr̄bāshŕ nèmma dwō.

Jùjyāng núngtswūn gǎilyáng de ren tíchàng gèjǔng bùtúngde fāngfa. Yǒude jǔjyāng tsúng tǔdì gǎigé kāishǐ, yǒude jǔjyāng tsúng núngtswūn jyàuyu kāishǐ. Chíjūng dzwèi jyùtǐ de shr Swūn Jūngshān syānsheng de Mínshēngjǔyìjūng de 'píngjyūndìchywán' jèngtsè. 'Píngjyūndìchywán' de mùdi shř chúngsyīn fēnpèi tǔdì, shř měige núngmín dou yǒu dżjǐde tyán jùng. Kěshr tsúng Syīnhàigémíng chǐ yìjř dau Kàngjàn jyéshù, Jūnggwo shřjūng méiyou jīhwèi chědǐ shřsyíng Swūn Jūngshān syansheng de jǔjāng. Míngwó chénglì yǐhòu jèngfǔ swéirán yě dzwòle syē núngtswūn jyànshè gūngdzwò, syàng gǎijìn shwěilì, fājān jyāutūng, chénglì Núngmínyínháng děngděng, keshr dou búshr gēnběn jyějywé de bànfa.

Jūnggwo jìndài gūngyè de chíngsyíng dzěmma yàng ne? Syīfang wénhwà méiyou chwándau Jūnggwo lái yǐchyán, Jūnggwo jř you núngtswūnli de yìsyē shǒugūngyè. Dàule Shřjyǒushřjíde hòuchǐ, Jūnggworen tsái fāsyàn syàndài gūngyè hen jùngyàu, yúshř yìfāngmyan kāi gūngchǎng, yìfāngmyan pài sywésheng dau wàigwo chyu sywésyí kēsywé jìshu. Kěshr yīnwei kāishřde tai wǎn, gwēimwó tai syǎu, jīngyíngde budéfǎ, yòu budwànde fāshēng jànjēng, dzài jyāshang bùpíngděng tyáuywē, shř dzài Jūnggwo dzwò mǎimai, kāi gūngchǎng de wàigwo ren yǒu hěn dwō tèchywán, swóyi Jūnggwo de gūngyè méi fádz gēn wàigwo jìngjēng.

Diyītsž Shřjyèdàjàn kāishř yihòu, nèi shrhou chúle Řběn hái jìsyù dzai Jūnggwo jīngyíng gūngshāngyè yǐwài, Ōuměi gègwó dou twèichūle Jūnggwo shřchǎng, yúshř Jūnggwode gūngchǎng chènje jèige jīhwèi jyànjyànde fājǎnchǐlai. Kěsyī jèige shřchǐ hěn dwǎn. Jànjēng jyéshù yihòu Ōuměi gègwó yòu hwéidau Jūnggwo shřchǎng lái, Jūnggwo gānggāng kāishř fājān de gūngyè yòu shwāilwòle. Yījyǒuèrjyǒunyan Jīngjikǔnghwāng de shřhou Ōuměi gwójyā de shāngpǐn dàlyàng yùndau Jūnggwo lai, Jūnggwo gūngye swǒ shòu de yǐngsyǎng fēicháng dà.

Kàngjàn kāishř yihòu Jūnggwo de gūngyè you jige dàde gǎibyàn: Yī, gwòchyù Jūnggwode gūngyè jíjūngdzài Jūnggwo yánhǎi yídài, nèige shrhou hen dwō gūngchǎng dōu bāndau hòufāng chyu, dzai syīnán he syīběi jyànlichi gūngyède jīchǔ lái. Èr, nèi shrhou jèngfǔ budàn jùyì chǐnggūngyè, túngshř yīnwei jànjēngde gwānsyi yě kāishř jùyì jùnggūngyè.

Tàipíngyáng Jànjēng kāishř yihòu, Jūnggwo jīngji fāngmyan fāshēngle hen dà de byànhwà. Syānggǎng, Shànghǎi dou ràng Řběn jànle, gwójìjyāutūng fāshēngle wèntí, wùdž gùngyìng yīntsž jyǎnshǎu, hòufàng ywánlyàu de shēngchǎn bunéng gùngyìng gūngye de syūyàu, dzài jyāshang hòufang rénkǒu budwànde dzēngjyā, swóyi wùjyà yìtyān bǐ yityān gāu. Jèngfǔ chúle dàlyàngde fā chāupyàu yǐwài, meiyou gèng hǎu de bànfa. Chāupyàu fāde tài dwō le, jyòu kāishř shřchyu syìnyùng. Jěnggèrde jīngji dou shòudau yǐngsyǎng.

Kàngjànde shrhou núngye, gūngye, dou shòule hen dà de swǔnshř, swóyi shènglì yihòu wèntí jyòu gèng dwōle. Gèng jyāshang jèngjrshang de bunéng tǔngyī, Gùngchǎndǎng wèile jēngdwó jèngchywán, kāishř pwòhwài jyāutūng, dzǔjř hépíng jyànshè, gēnje dàgwēimwode nèijàn fāshēng, wùjyà jǎngde gèng gāu. Jūnggwode núngyè, gūngyè, dzwèihòu dàule bùkěshōushŕde dìbù.

第十一講　　近代[1]中國的農業和工業

在上一講裏我們已經提到中國是個以農立國的國家。根據一九三零年政府的調查，中國農民佔全國人口的百分之八十左右，所以農[2]村問題是一個非常重要的問題。中國農村到底有些甚麼問題呢？第一是農民的田面積太小，耕種的工具[3]太差[4]，在中國大部份的耕種都是靠人力[5]，再加上缺乏肥料[6]、種籽[7]、所以[8]生產量很低。第二是耕種自己的田的農民太少。根據一九三零年的調查：這種農民只佔全國農民的百分之二十六；租別人的田來種的農民佔百分之五十二；其餘[9]的是自己的田[10]不夠，還得租一部份田種的農民，一般[11]的說田租[12]都很高，差不多是收成的百分之五六十到七八十。收成不好的時候農民就很難維[13]持生活[14]了。第三是自從[15]民國以來中國不斷的發生戰爭，每次戰爭農民所受的損失[16]最大。就

以一九三七到一九四五的「八年抗戰」時期來說，全國農村差
不多一半被破壞，[17]農產品的損失有百分之八十那麼多。
主張農村改良[18]的人提倡各種不同的方法。有的主張從土
地改革開始，有的主張從農村教育開始。其中最具體的是孫
中山先生民生主義中的「平均地權」[20]政策。「平均地權」的目的是
重新分配土地，使每個農民都有自己的田種。可是從辛亥革
命起一直到抗戰結束，中國始終沒有機會澈底實行孫中山[21]
先生的主張。民國成立以後政府雖然也作了些農村建設工
作，像改進水利[22]、發展交通、成立農民銀行[23]等等，可是都不是根
本解決的辦法。

中國近代工業的情形怎麼樣呢，西方文化沒有傳到中國
來以前，中國只有農村裏的一些手工業。到了十九[24]世紀的後
期，中國人才發現現代工業很重要，於是一方面開工廠，[25]一方

面派學生到外國去學習科學技術。可是因為開始的太晚，規模太小，經營得不得法[27]，又不斷的發生戰爭，再加上不平等條約，使在中國作買賣開工廠的外國人有很多特權，所以中國的工業沒法子跟外國競爭。

第一次世界大戰開始以後，那時候除了日本[30]還繼續在中國經營工商業以外，歐美各國都退出了中國市場[29]，於是中國剛剛開始的工廠趁着這個機會漸漸的發展起來。可惜這個時期很短。戰爭結束以後歐美各國又回到中國市場來，中國剛剛開始發展的工業又衰落了[32]。一九二九年經濟[33]大恐慌的時候歐美國家的商品[34]大量運到中國來，中國工業所受的影響非常大。

抗戰開始以後中國的工業有幾個大的改變：一、過去中國的工業集中[35]在中國沿海一帶[36]，那個時候很多工廠都搬到後[38]方去，在西南和西北建立起工業的基礎來。二、那時候政府不但注意輕工業，同時因為戰爭的關係也開始注意重工業。[39] 同時因為戰爭方面發生了很大的變化。[40][41]

太平洋戰爭開始以後，中國經濟方面發生了很大的變化。

香港、上海都讓日本佔了，國際交通發生了問題，物資供應因[42][43]此減少；後方原料的生產不能供應工業的需要，再加上後方[44][45]人口不斷的增加，所以物價一天比一天高。政府除了大量的[46][47]發鈔票以外，沒有更好的辦法。鈔票發得太多了，就開始失去[48][49][50]信用。整個兒的經濟都受到影響。[51]

抗戰的時候農業、工業、都受了很大的損失。所以勝利以後問題就更多了。更加上政治上的不能統一，共產黨為了爭奪[52]政權，開始破壞交通，阻止和平建設，跟着大規模的內戰發生；[52][53]物價漲得更高，中國的農業工業最後到了不可收拾的地步。[54]

THE ECONOMY OF FREE CHINA AND COMMUNIST CHINA

VOCABULARY

1.	měilì	美麗	SV: be beautiful
2.	'gūngyè Řběn núngyè Táiwān'	'工業日本農業臺灣'	PH: 'to industrialize Japan and agriculturalize Taiwan'
3.	dżlì	自立	FV: be independent (financially or economically)
4.	shèfǎ	設法	AV: devise means
5.	dżjídżdzú	自給自足	PH: self-sufficient
6.	shǒusyān	首先	MA: first
7.	bùdzǒu	步驟	N: steps (used figuratively)
8.	bù	步	M: step
9.	'sānchǐdyǎnwǔ jyǎndzū'	三七點五減租	'rent reduction to 37.5%'
10.	gwēidìng	規定	FV/N: stipulate/stipulation
11.	chāugwò	超過	FV: exceed, surpass
12.	shŕsyàn	實現	FV: realize (a plan or an ideal, etc.)
13.	'gēngjě yǒu chǐ tyán'	'耕者有其田'	PH: 'land-to-the-tiller'
14.	syànjr	限制	FV/N: limit, restrict/limitation, restriction
15.	yīngmǔ	英畝	N: acre
15.1	mǔ	畝	M: 'mou,' a Chinese acre ($733\frac{1}{2}$ sq. yds., 6.6 'mǔ' equal one acre)
16.	tyándì	田地	N: farm land
17.	dwōyúde	多餘的	N: surplus
18.	jwǎnmài	轉賣	FV: resell (to a third party)
19.	fēnchǐfùkwǎn	分期付款	FV/N: pay by installments/installment plan
20.	dàu . . . (wei)jř	到···(爲)止	until . . . ; be ended on . . . .

tsúng 1912 nyán dau 1963 (wéi) jř
(from 1912 until 1963)

Jèige sywéchǐ dàu lyòuywè èr-shŕsānhàu wéijř.
(This semester will be ended on June 23rd.)

21.	chyàn	欠	FV:	owe
22.	fùchīng	付清	RV:	pay in full
23.	shēnghwó-shwěijwǔn	生活水準	N:	living standard
24.	twēisyíng	推行	FV/N:	to promote and put into operation/promotion and carrying out
25.	wèishēng	衛生	N/SV:	hygiene, health/be sanitary
26.	núngdzwòwù	農作物	N:	agricultural produce
27.	tsúngtsž	從此	MA:	henceforth
28.	kwàngyè	礦業	N:	mining industry
29.	chéngji	成績	N:	achievement
30.	lǐsyǎng	理想	SV/N:	be ideal/ideal
31.	nèirúng	內容	N:	content
32.	réngrán	仍然	A:	still
33.	jījí	積極	A/SV:	positively/positive
34.	chūkǒu	出口	FV/N:	export/export
34.1	rùkǒu	入口	FV/N:	import/import
35.	dzǔngjŕ	總值	N:	the total value
36.	jyēdwàn	階段	N:	stage, phase
37.	gūngyèhwà	工業化	N/FV:	industrialization/industrialize
37.1	-hwà	化	BF:	-lize, -fy
				jyǎndānhwà (simplify)
38.	jyùlí	距離	N:	distance
39.	shēngchǎn-hédzwòshè	生產合作社	N:	production cooperative
40.	mǎ (M: pǐ)	馬(M:匹)	N:	horse
41.	jítǐnúngchǎng	集體農場	N:	collective farm
42.	gāngtyěgūngyè	鋼鐵工業	N:	steel industry
42.1	gāngtyě	鋼鐵	N:	steel (lit. steel and iron)
42.2	gāng	鋼	N:	steel
43.	gǎnshang	趕上	RV:	catch up
44.	Sūlyán	蘇聯	N:	Soviet Union
45.	lyàn	鍊	FV:	refine
46.	mùbyāu	目標	N:	goal
47.	ywányīn	原因	N:	reason

48. tyāndzāi	天災	N:	natural disaster
49. gwānchá	觀察	N/FV:	observation/observe
50. rénwéi	人爲	AT:	man-made, caused by man
51. shŕjìshang	實際上	MA:	actually
52. tswòwù	錯誤	N:	error
53. jíje	急着	A:	be anxious to
54. jyātíng	家庭	N:	family
55. szréntsáichăn	私人財產	N:	private property, personal property
55.1 szrén	私人	AT:	private, personal
55.2 tsáichăn	財產	N:	property

DISHRÈRJYĂNG

Dzyóu Jūnggwo he Jūnggùng de Jīngjì

Dzyóu Jūnggwo dzai Táiwān. Táiwān shr yige fēngjĭng mĕilì, chūchăn fēngfù de hăidău. Dzài R̀běn jànlĭng shŕchī, R̀běn jèngfŭ shŕsyíng yìjŭng 'gūngyè R̀běn núngyè Táiwān' de jèngtse. Swóyi Táiwānde núngyè swéirán fēicháng fādá, kĕshr dzai jīngjishang háishr bunéng dzlì.

Dzyóu Jūnggwo jèngfŭ bāndau Táiwān chyu yĭhòu, shèfă shŕ Táiwān dádàu jīngji dzjídzdzú de dìbu. Dzai núngye fāngmyan shŏusyān shŕsyíng tŭdì găigé. Tŭdì găigé yígùng fen sānge bùdzòu: dìyībù shr syān shŕsyíng 'sānchĭdyănwŭ- jyăndzū', gwēidìng núngmín gei dìjŭ de dzūchyan bunéng chāugwò chūchănde băi- fēnjr-sānshrchĭ-dyănwŭ. Dièrbù shr jèngfŭ bă hen dwō gūngtyán màigei méiyou tyán de núngmín. Disānbu shr shŕsyàn 'gēngje yŏu chí tyán' de jìhwa. Jeige jìhwa syànjr̀ mĕige dìjŭ jr̆ syŭ yŏu chīyīngmŭ de tyándì, dwōyúde dou dĕi màigei jèngfŭ. Jèngfŭ măile yihòu dzài jwănmàigei méiyou tyán jùng de núngmín. Núngmín syàng jèngfŭ măi de tyándì jyàchyan hen pyányi, érchyĕ kéyi fēnchĭfù- kwăn. Dàu yījyŏulyòusānnyán wéijr̆, núngmín yĭjing bă swŏ chyàn de chyán fùchīngle. 'Gēngjĕ yŏu chí tyán' de jìhwà yĭjing wánchywán wánchéng. Tŭdì găigé shŕsyíng yihòu, tŭdì fēnpèi de chíngsyíng bĭ yĭchyán píngjyūn le. Núngmín dzjĭ yŏule tyándì yihòu gèng nŭlì gūngdzwò, jèngfŭ bìngchyĕ yùng gèjŭng fāngfa bāngju núngmín găilyáng gēngjùng fāngfa, núngchăn yīntsž dzēngjyā, núngmínde shēnghwó shwĕijwŭn ye yīntsž tígāu. Túngshŕ jèngfŭ ye dzài núngtswūn twēisyíng jyàuyu wèishēng děngděng gūngdzwo, swóyi jīntyan Táiwānde núngtswūn dzai jěnggèr Yǎjōu kéyi shwō fājǎnde dzwěi hǎu.

Chúle tǔdǐ gǎigé yǐwài, jèngfǔ dzai yǐjyǒuwǔèrnyán shŕsyíng diyīge sznyán-jǐhwà. Jeige jǐhwà de jǔyàu mùdi jyoushr yàu dzàucheng Táiwān jīngji de dzjí-dzdzú. Dzai núngyè fāngmyan gwēidìngchu shrszjǔng núngdzwòwù lai yàu rénmín dzēngjyā shēngchǎn. Jei shrszjǔng núngdzwòwù tsúngchyán yǒu chījǔng dei tsúng wàigwo yùnjinlai. Jèige syīn jǐhwà wánchéng yihòu, Táiwān běndǐ de shēngchǎn dzēngjyā, tsúngtsž jyòu búbǐ dzai kàu wàigwo le. Dzai gūngye fāngmyan ye gwēi-dìngchulai shrèrjǔng yīnggāi dzēngjya shēngchan de chīnggūngyè hé kwàngyè chūchǎn, wèideshr dzàuchéng gūngyè, kwàngyè de dzjídzdzú. Yijyǒuwǔlyòunyan diyīge sznyanjǐhwà jyéshù, chéngji bìngbù lǐsyǎng. Dièrge sznyanjihwà nèirúng he mùdi yě he dìyīge chàbudwō, réngrán yau shǐ Dzyóu Jūnggwo de jīngji yíbùyi-bùde dádau dzjídzdzúde mùdi, érchyě yau jījí dzēngjyā kéyi chūkǒude núngdzwowù de chǎnlyàng.

Jīnggwo syǔdwō gǎijìn yihòu, Dzyóu Jūnggwo de shēngchǎn dzǔngjŕ měinyán dōu dzēngjyā. Keshr Táiwānde jīngji hái shr dzài núngyè jīngji jyēdwàn, lí gūngyehwà hai yǒu yidwàn jyùlí. Yihòu jèngfǔde jīngji jǐhwà kāishǐ jùjùng gūngye fāngmyan de fājǎn.

Jūnggùng dzai Jūnggwo dàlù twēisyíng gùngchǎnjǔyǐ de jīngji gǎigé. Yǐjyǒu-wǔsānnyán kāishǐ shŕsyíng diyīge wǔnyánjǐhwa, dàule yǐjyǒuwǔlyòunyán diyīge wǔnyánjǐhwà kwài wán de shrhou, yòu tíchū dièrge wǔnyanjǐhwà. Jei lyǎngge jǐhwà de nèirúng dou shr twēisyíng núngyè hédzwò he fājǎn jùnggungyè. Dzài núngyè fāngmyan dìyību shr dzǔjr shēngchǎnhédzwòshè, bǎ núngmínde gūngjyu, nyóu, mǎ, dou jíjūngdzai yikwar lai yùng. Dièrbù shr dzǔjr jitǐnúngchǎng bǎ tyándǐ dou jíjūngchǐlai, dàjyā yikwàr gēngjùng. Disānbù shr dzǔjr rénmíngūngshè. Rénmín budàn dzai yikwàr gūngdzwo, bìngchyě dzai yikwàr shēnghwo. Dzai gūngye fāngmyan jíjūng lǐlyang fājǎn jùnggūngyè, tèbyé shr gāngtyěgūngyè. Tamen syīwang dzai dzwěi dwǎn de shrchǐ yiněi kéyi gǎnshang Yīnggwo. Chúle dzai Sūlyán de bāngjù jrsyà jyànlǐ hen dwō jùnggūngyède gūngchǎng yiwài, hai gǔlǐ lǎubǎisyíng yùng lǎu fádz lyàn gāng.

Jūnggùngde jīngji gǎigé dzai kāishŕde shrhou syāngdāng chénggūng. Diyīge wǔnyanjǐhwà wánchéng de shrhou, núngyè he gūngyè fāngmyan dou chāugwòle tamen swǒ jǐhwà de mùbyāu. Yǐjyǒuwǔbānyan yihòu chíngsyíng jyou ywè lái ywè hwài.

Jūnggùngde jīngji jìhwà shr̄bài de ywányīn, Běijīng jèngfǔ dżjǐ shwō shr yīnwei tyāndzāi. Kěshr gēnjyu dżyóu shr̀jyè yìbānren de gwānchá, rènwéi dwōbàn shr rénwéide, buwánchywán shr yīnwei tyāndzāi. Jūnggùng jīngji jìhwà shr̄bàide ywányīn, shŕjìshang shr yǒu sānge jīběn tswòwù dzàuchéngde: Diyī shr Jūnggùng méibǎ núngyè nùnghǎu yichyán, jyòu jíje yàu fājǎn gūngyè.   Jyégwǒ shr núngyè wèntí meijyějywé, gūngyè ye meiyou fājānchilái.   Dièr shr chywēfá wàigwode bāngjù.   Sūlyán swéirán dzai kāishr̆de shrhou bāngju Jūnggùng jyànlì bùshǎude gūngchǎng, hòulái yīnwei jèngjr wèntí lyǎnggwó bùhédzwòle, swoyi Jūnggùngde jīngjì shòule hén dà de yíngsyǎng. Dìsān shr Jūnggùng jíje yau shŕsyàn gùngchǎn- jǔyì, dzǔjr rénmíngūngshè, ba Jūnggwo chwántǔngde jyātíng jr̀du wánchywán pwòhwàile, rénmín méiyou jyātíng shēnghwo, méiyou sz̄rén tsáichǎn, shéi yé búywànyi nǔlì gūngdzwò. Jei yìdyǎn kěnéng jyòushr Jūnggùng jīngji jìhwà shr̄bài de jǔyàu ywányīn.

第十二講　自由中國和中共的經濟

自由中國[1]在臺灣。臺灣是一個風景美麗，出產豐富的海島。在日本佔領時期，日本政府實行一種「工業日本[2]農業臺灣」的政策。所以臺灣的農業雖然非常發達，可是在經濟上還是不能自立[3]。

自由中國政府搬到臺灣去以後，設法使臺灣達到經濟自立[4]。[5]在農業方面首先實行土地改革。土地改革[6]一共分三個步驟：第[7]一步是先實行「三七[8]點五減租」[9]，規定農民給[10]地主的租錢不能超過出產的百分之三十七點五。第二步是實現「耕者有[11]其田」[12]的計劃。這個計劃[13]限制每個地主只許有七英畝的田地、[14]其餘的都得賣給政府。[15]政府把很多公田賣給沒有田的農民。[16]

政府買了以後再轉賣給沒有田種的[17]農民。農民向政府買的田地價錢很便宜，而且可以分期付欵[18]。[19]

到[20]一九六三年爲止農民已經把所欠[21]的錢付[22]清了。耕者有其

田的計劃已經完全完成。土地改革實行以後,土地分配的情

形比以前平均了。農民自己有了田地以後更努力工作,政府

並且用各種方法幫助農民改良耕種方法,農產因此增加;農

民的生活[23]水準也因此提高。同時政府也在農村推行教育衞[25]

生等等工作,所以今天臺灣的農村在整個兒亞[24]洲可以說發

展得最好。

除了土地改革以外,政府在一九五二年實行第一個「四年

計劃」。這個計劃的主要目的就是要造成臺灣經濟的自給自

足。在農業方面規定出十四種農[26]作物來要人民增加生產。這

十四種農作物從前有七種得從外國運進來。這個新計劃完

成以後,臺灣本地的生產增[27]加,從此就不必再靠外國了。在工

業方面也規定出來十二種應該增加生產的輕工業和礦[28]業

出產，爲的是造成工業、礦業的自給自足。一九五六年第一個

四年計劃結束[29]，成績並不理想[30]。第二個四年計劃內容[31]和目的

也和第一個差不多[32]，仍然要使自由中國的經濟一步一步的

達到自給自足的目的，而且要積極[33]增加可以出口[34]的農作物

的產量。

經過許多改進以後，自由中國的生產總值[35]每年都增加。可

是臺灣的經濟還是在農業經濟階段[36]，離工業化[37]還有一段距[38]

離。以後政府的經濟計劃開始注重工業方面的發展。

中共在中國大陸推行共產主義的經濟改革。一九五三年

開始實行第一個五年計劃。到了一九五六年第一個五年計

劃快完的時候，又提出第二個五年計劃。這兩個計劃的內容

都是推行農業合作和發展重工業。在農業方面第一步是組

織生產[39]合作社，把農民的工具、牛、馬[40]、都集中在一塊兒來用。第

二步是組織集體農場把田地都集中起來，大家一塊兒耕種。

第三步是組織人民公社。人民不但在一塊兒工作，並且在一塊兒生活。在工業方面集中力量發展重工業，特別是鋼鐵工[42]業。他們希望在最短的時期以內可以趕[43]上英國。除了在蘇聯[44]的幫助之下建立很多重工業的工廠以外，還鼓勵老百姓用老法子鍊鋼[45]。

中共的經濟改革在開始的時候相當成功。第一個五年計劃完成的時候，農業和工業方面都超過了原來計劃的目標[46]。

一九五八年以後情形就越來越壞。中共的經濟計劃失敗的原因[47]：北京政府自己說是因爲天災[48]。可是根據自由世界一般人的觀察[49]，認爲多半是人爲的，不完全是因爲天災。中共經濟計劃失敗的原因，實際上是由三個基本錯誤[52]造成的：第一是中共沒把農業弄好以前，就急着[53]

要發展工業。結果是農業問題沒解決，工業也沒有發展起來。

第二是缺乏外國的幫助。蘇聯雖然在開始的時候幫助中共建立不少的工廠，後來因為政治問題兩國不合作了，所以經濟計劃受了很大的影響。第三是中共急着要實現共產主義，組織人民公社，把中國傳統的家庭制度完全破壞了；人民沒有家庭生活，沒有私人財產[55]，誰也不願意努力工作。這一點可能就是中共經濟計劃失敗的主要原因。

TRADITIONAL SOCIETY

VOCABULARY

1.	yi . . . wéi bĕn	以…爲本		consider . . . as the basis (of)
2.	núngren	農人	N:	farmer
3.	dàdwōshù	大多數	N:	the great majority
3.1	dwōshù	多數	N:	the majority
4.	swŏwèi(de) . . .	所謂(的)		so called . . .
5.	swūndz	孫子	N:	grandson (son of a son, as opposed to son of a daughter)
6.	swūnnyu	孫女	N:	granddaughter (daughter of a son, as opposed to daughter of a daughter)
7.	dzŭfùmŭ	祖父母	N:	grandparents (on the father's side)
7.1	dzŭfù	祖父	N:	grandfather
7.2	dzŭmŭ	祖母	N:	grandmother
8.	chīnchi	親戚	N:	relative
9.	dwōdàu . . .	多到…		as many as . . . (a certain amount)
10.	bǎuhù	保護	FV/N:	protect/protection
11.	jr̀tsái	制裁	FV/N:	restrain/restraint
12.	hwǎnjyuhwàshwō	換句話說	MA:	in other words
13.	gèrén	個人	AT:	personal
14.	mŏu	某	SP:	certain
15.	shr̄yè	失業	FV:	be unemployed (to lose one's job)
16.	jyàuyùfèi	教育費	N:	fund for education
16.1	fèi	費	BF:	fee, expense
17.	gwānsyīn	關心	SV/FV:	be concerned/be concerned about
18.	hùsyāng	互相	A:	mutually, . . . each other
19.	túngchíng	同情	FV/N:	sympathize/sympathy
20.	nánmyăn	難免	A:	unavoidably
21.	pīping	批評	N/FV:	criticism/criticize
22.	nèmma	那麼		in that case . . .

23. gwǎn . . . jyàu . . .	管···叫···		call . . . (as) . . .
24. búwàihu . . .	不外乎		none other than, nothing but, only
25. fūfù (M:dwèi)	夫婦 (M:對)	N:	husband and wife lyǎngdwèi fūfù (two married couples)
26. syūngdì	兄弟	N:	brothers
27. shŕchywánshŕměi	十全十美		be (a hundred percent) perfect
28. héhū	合乎	FV:	meet (the standard or qualification)
29. kějyàn	可見	MA:	obviously
30. syàushwun	孝順	FV/SV:	be filial to/be filial
31. dzwūnjìng	尊敬	FV/N:	respect/respect
32. jǎngbèi	長輩	N:	seniors (elders)
33. gěi . . . dzēng-gwāng	給···增光		bring glory or honor to . . .
34. chéngjìsyāngyān	承繼香烟	PH:	carry on the family line
34.1 chéngjì	承繼	FV:	inherit
35. jùngnánchīngnyǔ	重男輕女	PH:	favor the male and regard the female lightly
36. dzwòjǔ	作主	FV:	make a decision
37. hwūnyīn	婚姻	N:	marriage
38. dzǎuhwūn	早婚	AT:	early marriage
39. lwúnlǐ	倫理	N:	ethics
40. nénglì	能力	N:	capability, ability
41. fúwù	服務	FV:	serve wèi shèhwèi fúwù (to serve society)
42. chyántú	前途	N:	future (of a person, country, etc.)
43. dzwò gwān	作官	VO:	to serve in government as an official, to be a government official
44. yángé	嚴格	A/SV:	strictly/be strict
45. míngsyǎn	明顯	SV:	be obvious, be distinctive
46. jŕyè	職業	N:	profession
47. 'shŕ, núng, gūng, shāng'	'士農工商'	N:	'scholars, farmers, artisans, merchants' (general classification of Chinese people according to their occupation)

48.	shāngren	商人	N: merchant
49.	lyăujyě	了解	FV: understand
50.	jîrán	既然	MA: since, considering that
51.	shŕyìng	適應	FV: adapt to
52.	chūfādyăn	出發點	N: starting point
53.	jésywé	哲學	N: philosophy
54.	jŕjyē	直接	A/AT: directly/direct
55.	jyānjyē	間接	A/AT: indirectly/indirect

DISHRSĀNJYĂNG

Jūnggwo de Chwántŭng Shèhwèi

Jūnggwo de chwántŭng shèhwèi you sānge tèdyăn: Diyī shr yĭ núngye wéi bĕn, dièr shr yĭ jyātíng wéi jūngsyīn, disān shr yĭ rújyā szsyăng wéi jīchŭ.

Jūnggwo shr yĭnúnglîgwó de gwójyā. Núngyè fādáde dzwèi dzău. Núngren budăn dzai gŭdài jàn dàdwōshù, jyòushr syàndzài hái jàn dàdwōshù. Jūnggwo gwòchyù jichyānnyán lái dzai jīngjishang dōu shr yĭ núngyè wéi bĕn. Núngyè shèhwèi kéyi dàibyău Jūnggwode chwántŭng shèhwèi.

Jūnggwo chwántŭng shèhwèi de dzŭjr shr yĭ jyātíng wéi jūngsyīn. Dzai Jūnggwo swŏwèi 'jyā', budăn bāukwò yige ren de érdz, nyŭer, swūndz swūnnyu, hai yŏu tāde fùmŭ, dzŭfùmŭ, érchyĕ yŏushrhou chīnchi ye jùdzai yíkwàr, swóyi yîjyā ren kenéng dwōdau hăujĭshŕ ren.

Jèijŭng dà jyātíng yìfāngmyan fùdzé băuhù mĕi yige ren, yifāngmyan kéyi jŕtsái mĕi yige ren. Hwànjyuhwàshwō, gèrénde wèntí ye jyòushr jyātíngde wèntí. Bĭfāng shwō, jyāli mŏu yige ren shŕyèle, bìngle, lăule, hwòshr yige syăuháidz hen tsūngming, keshr jyàuyufèi chéng wèntí, syàng jèiyàngde chíngsying, dzai yige dàjyātíngli dàjyā dou hen gwānsyīn, hùsyāng bāngjù, yíkwàr syăng fádz jyĕ-jywé. Yàushr yige ren dzwòle hwàishŕ, jyāli méiren túngchíng ta, jyòu nánmyăn shòu chīnchi péngyou de pīping, nèmma dzài shèhwèishang ta jyòu táibuchĭ tóu lái le.

Tándau Jūnggwo chwántŭng szsyăng, dàjyā lîkè hwèi syăngdau Kŭngdz. Women gwăn Kŭngdz gen ta sywésheng de szsyăng jyàu Rújyā szsyăng. Kŭngdz rènwei rén gen rén de gwānsyi, buwàihu jyūnjŭ gen chéndz, fùchin gen érdz, hai you fūfù, syūngdì, péngyou jŕjyān de gwānsyi. Ta rènwei yàushr jèi wŭjŭng gwānsyi dou néng dzwòdau shŕchywánshŕměi, héhū lǐsyǎng de dibù, nèmma shŕjyèshangde wèntí jyòu shǎu dwōle.

Dzai Rújyā swǒ shwō de jei wǔjǔng gwānsyili, you sānjǔng dōu shr dzai jyātíng yǐnèide, kějyàn jyātíng dzai Rújyā sz̄syǎngli jàn fēicháng yàujǐn de dìwèi. Rújyā jǔjāng dzai jyātíngli yīnggāi syàushwùn fùmǔ, dzwūnjìng jǎngbèi, yige ren dzwèi dà de mùdi shr gěi fùmǔ dzǔsyān dzēnggwāng, túngshŕ chéngjìsyāngyān. Yīnwei Rújyā sz̄syǎng rènwéi chéngjìsyāngyān shŕ érdzde dzéren, yúshŕ syíngchéng shèhwèishang jùngnánchīngnyǔ de syígwàn. Jyéhwūnde dzwèi dà mùdi shr wèile chéngji syāngyān, swóyi jyòu syíngchéngle yìjǔng yóu fùmǔ dzwòjǔ de hwūnyīn bànfǎ. Túngshŕ, dzai núngyè shèhwèi fùmǔ syūyàu bǐjyǎu dwō de ren dzai tyándìli gūngdzwò, ye syīwang dzǎu yǒu swūndz, swóyi jyòu yàu érdz dzǎu jyéhwūn, yúshŕ syíngchéngle dzǎuhwūn syànsyàng.

Rújyā sz̄syǎng swǒ jǔjùng de rén gen rén de gwānsyi jyàudzwo lwúnlǐ gwānsyi. Lwúnlǐ gwānsyi nùngde hǎu, jyātíng, shèhwèi, gwójyā jyòu dōu yǒu yídìngde jr̀syu le. Swóyi tsúng Hàncháu chǐ, hwángdì kāishŕ tíchàng Rújyāde jǔjāng, érchyě gǔlì ren yánjyou Rújyā sz̄syǎng. Nyànshūde ren yánjyou Rújyā sz̄syǎng tsái you nénglì fúwù shèhwèi, tsái you chyántú, tsái kéyi dzwò gwān.   Yīntsž women kéyi shwō tsúng Hàncháu chǐ, Jūnggwode shèhwèi jyòu kāishŕ yǐ Rújyāde sz̄syǎng wéi jīchǔle.

Syàndzài women lái tányitan shèhwèi dìwei. Yángéde shwō, Jūnggwo shèhwèi shr méiyou hen míngsyǎnde jyējí de. Yàushr women shwō Jūnggwode chwántǔng shèhwèishang you jyējí, yěsyǔ kéyi jyǎndānde fēnchéng dzwògwānde gen búdzwo-gwānde lyǎngge jyējí. Àn jŕyè lai fēn, Jūnggworen cháng shwō 'shŕ, núng, gūng, shāng'. 'Shŕ' jyòushr yánjyou Rújyā sz̄syǎng de ren, ye jyòushr dzwògwānde. Jèijǔng ren dzai Jūnggwode chwántǔng shèhwèili, dìwei dzwèi gāu, dzwèi shòu ren dzwūnjìng, shāngren dìwei dzwèi dǐ.

Swóyi women yau lyǎujyě Jūnggwo de chwántǔng shèhwèi, yídìng dei lyǎujyě Jūnggwo chwántǔng shèhwèi de tèsyìng.   Yī, Jūnggwo jìrán shr yige núngyè shèhwèi, yíchyède fēngsú syígwàn dz̀rán jyòu yau shŕyìng jeige hwánjing.   Èr, dzai núngyè shèhwèijūng, jyātíng shr yige jīběnde shēngchǎn dānwèi, yíchyède lwúnlǐ gwānsyi, shèhwèi gwānsyi, ye jyòu yi jyātíng wéi chūfādyǎn. Sān, Rújyāde sz̄syǎng jèngshr wèile shŕyìng jèige shèhwèi chǎnshēngchulai de yijǔng lwúnlǐ sz̄syǎng he jésywé sz̄syǎng, yīntsž jěnggèr Jūnggwode chwántǔng shèhwèi jŕjyě hwòshr jyànjyē shòu jei sānjǔng tèsyìng de yǐngsyǎng, dàule dzwèijìn jishŕnyan tsai fāshēng hěn dà de byànhwà.

第十三講　中國的傳統社會

中國的傳統社會有三個特點：第一是以農業為本。第二是以家庭為中心。第三是以儒家思想為基礎。

中國是以農立國的國家。農業發達得最早。農人不但在古代佔大多數，就是現在還是佔大多數。中國過去幾千年來在經濟上都是以農業為本。農業社會可以代表中國的傳統社會。

中國傳統社會的組織是以家庭為中心。在中國所謂「家」不但包括一個人的兒子、女兒、孫子、孫女（兒）還有他的父母、祖父母、而且有時候親戚也住在一塊兒，所以一家人可能多到好幾十人。

這種大家庭一方面負責保護每一個人，一方面也可以制裁每一個人。換句話說，個人的問題也就是家庭的問題。比方說，家裏的[14]某一個人[15]失業了、病了、老了；或是一個小孩子很聰明，可是教育費成問題[16]，像這樣的情形，在一個大家庭裏大家都很關心[17]，互相[18]幫助，一塊兒想法子解決。要是一個人作了壞事，家裏沒人[19]同情他，就難免[20]受親戚朋友的批評[21]，[22]那麼在社會上他就擡不起頭來了。

談到中國傳統思想，大家立刻會想到孔子[23]。我們管孔子跟他學生的思想叫儒家思想。孔子[24]認爲人跟人的關係，不外乎君主跟臣子，父親跟兒子，還有夫婦[25]、兄弟[26]、朋友之間的關係。他認爲要是這五種關係都能作到十全十美[27]合乎理想[28]的地步，那麼世界上的問題就少多了。

在儒家所說的這五種關係裏，有三種都是在家庭以內的，可見家庭在儒家思想裏佔非常要緊的地位。儒家主張在家[29]庭裏應該孝順父母[30]，尊敬[31]長輩[32]，一個人最大的目的是給父母祖先增光，同時承繼[33]香烟。因為儒家思想認為承繼香烟是兒子的責任，於是形成社會上重男輕女[35]的習慣。結婚的最大目的是為了承繼香烟，所以就形成了一種由父母作主的婚姻[37]。同時在農業社會父母需要比較多的人在田地裏工作[38]，也希望早有孫子，所以就要兒子早結婚，於是形成了早婚現象。

儒家思想所注重的人跟人的關係叫作倫理[39]關係。倫理關係弄得好，家庭、社會、國家就都有一定的秩序了。所以從|漢朝起，皇帝開始提倡儒家的主張，而且鼓勵人研究儒家思想。研究儒家思想才有能力[40]服務社會[41]，才有前途[42]，才可以作官[43]。因此我們可以說從|漢朝起，|中國的社會就開始以儒家的思想為基礎了。

現在我們來談一談社會地位[44]。嚴格的說，|中國社會是沒有

很明顯[45]的階級的。要是我們說中國的傳統社會上有階級，也許可以簡單的分成作官的跟不作官的兩個階級。按職業[46]來分，中國人常說「士農工商」[47]這句話。士就是念書的人，就是研究儒家思想的人，也就是作官的。這種人在中國的傳統社會裏，地位最高，最受人尊敬，[48]商人地位最低。

所以我們要了解[49]中國的傳統社會，一定得了解中國傳統社會的特性：一、中國既然[50]是一個農業社會，一切的風俗習慣自然就要適應[51]這個環境。二、在農業社會中，家庭是一個基本的生產單位，一切的倫理關係、社會關係，也就以家庭為出發[52]點。三、儒家的思想正是為了適應這個社會產生出來的一種倫理思想和哲學[53]思想，因此整個兒中國的傳統社會直接[54]或是間接[55]受這三種特性的影響，到了最近幾十年才發生很大的變化。

EVOLUTION OF THE PRESENT SOCIETY

VOCABULARY

1. yǎnbyàn	演變	N/FV:	progressive change/evolve
2. lyóusywé	留學	VO:	study (abroad)
			chyu lyóusywé (study abroad)
			dau Jūnggwó chyu lyóusywé (to go to China to study)
3. Jūngsyī	中西	BF:	Sino and Occidental
4. syōu	修	FV:	build (such as road, railway, bridge)
5. tyělù (M: tyáu)	鐵路(M:條)	N:	railroad
6. chéngshr̀	城市	N:	city, municipality
6.1 shr̀	市	BF:	municipality; municipal
			Shànghǎishr̀ (Shanghai municipality)
			shr̀jèngfǔ (the municipal government)
7. kāibàn	開辦	FV:	to start (a business, school, hospital) and operate
8. dzyóujyéhwūn	自由結婚	N:	free marriage
9. nánnyǔpíngděng	男女平等	N:	equality between the sexes
10. mwófǎng	模仿	FV:	imitate
11. bǎulyóu	保留	FV:	preserve, keep
12. dzài . . . jr̄chyán	在···之前		before . . .
			dzài kāishr̀ gǎigé jr̄chyán (before the beginning of the reform)
13. bùshr . . . érshr̀	不是···而是		it is not . . . , but it is . . .
			Búshr wǒ búywànyi chyu érshr̀ wo bùnéng chyu. (It is not that I don't want to go, but it is that I can't go.)
14. gǎicháuhwàndài	改朝換代	N/FV:	change of dynasties/change dynasties
15. tyānfāndìfú	天翻地覆	N/FV:	chaos; everything turned upside down/become chaotic

16. dòujēng	鬪爭	N:	struggle
17. yāpwò	壓迫	FV/N:	oppress/oppression
18. shǔyú	屬於	FV:	belong to
19. ài	愛	N:	affection
20. syǎudžchǎnjyēji	小資産階級	N:	petit bourgeois
21. jìnlyàng	儘量	A:	to do one's best to, with all one's strength
22. fùnyǔ	婦女	N:	women (used collectively)
23. jyěfàng	解放	FV/N:	liberate/liberation
24. twōérswǒ	託兒所	N:	nursery (for children)
25. gūnggùngshŕtáng	公共食堂	N:	mess hall
25.1 shŕtang	食堂	N:	mess hall
26. syǐyīdwèi	洗衣隊	N:	laundry unit
26.1 dwèi	隊	M/BF:	group/unit, group
27. nánnyǔlǎushàu	男女老少	N:	people of all ages and both sexes
28. yìchǐ	一起	A:	together
29. gǎnjywé	感覺	FV/N:	feel; think/sensation; feelings
30. wújyākěgwēi	無家可歸	PH:	homeless
31. pīnmìng	拼命	A:	feverishly
32. jèiyangyilái	這樣一來	MA:	by doing this, because of this
33. jyǎndī	減低	FV:	reduce, lower
34. syāumyè	消滅	FV:	extinguish, eliminate
35. džchǎnjyēji	資産階級	N:	capitalist class, bourgeois
36. gèng	更	A:	further
37. shŕcháng	時常	A:	often
38. gūngren	工人	N:	worker, laborer
39. yǔngywǎn	永遠	A:	forever
40. jwānjèng	專政	FV:	monopolize the political power
41. jŕshrfèndž	知識份子	N:	intellectuals
42. tèshū	特殊	SV:	be special
43. dǎnggànbù	黨幹部	N:	cadre of a party
44. dzǔngéryánjŕ	總而言之	PH:	to sum it up
45. wúshù . . .	無數		countless, innumerable
46. nèilwàn	內亂	N:	insurrection

47. wàihwàn	外患	N:	trouble coming from outside (such as a foreign invasion)
48. jŭngjŭng(de).	種種(的)		all sorts of . . .
49. rúgwŏ	如果	MA:	if
50. tswúndzài	存在	FV/N:	exist/existence
51. jàngài	障礙	N:	obstacle, hindrance

DISHRSZ̀JYĂNG

Jūnggwo Syàndài Shèhwèi de Yănbyàn

Shŕjyŏushŕjĭ yichyán Jūnggwo hen shău gen Syīfang gwójyā jyēchwò. Tsúng shŕjyŏushŕjĭ kāishŕ jyòu yŏu hen dwō Syīfangren dàu Jūnggwo lái chwánjyàu hwòshr dzwò măimai. Jūnggworen ye kāishŕ dau wàigwo chyu lyóusywé. Jūngsyī wénhwà jyēchwò yihòu, Jūnggwode chwántŭng shèhwèi kāishŕ fāshēng byànhwà.

Syīyangren dàule Jūnggwo yihòu, dzai Jūnggwo kāi gūngchăng, syōu tyĕlù, ba Syīyángde gūngyè, shāngyè, jyèshaudau Jūnggwo. Dà chéngshŕli kāibànle hen dwō gūngchăng, hen dwō ren dōu tsúng syāngsya bāndau chénglĭ chyu gūngdzwò. Gèrénde jīngji dúlì yĭhòu, dzyóujyéhwūn he syău jyātíng jŕdu jyòu kāishŕ le.

Syīyáng wénhwà yĕ gĕi Jūnggwo dàiláile kēsywé he mínjŭ. Jei lyăngjŭng syīn sz̄syăng búdàn găibyànle Jūnggwo chwántŭngde jyàuyù fāngfa, yĕ găibyànle jyàuyude nèirúng. Shòule jèijŭng syīnshŕ jyàuyù de ren jyòu yāuchyóu sz̄syăngshangde dzyóu, jèngjŕshangde mínjŭ, nánnyŭpíngdĕng he gèrén gen gwójyā de dúlì. Jūnggwo dzwèijìn jei jĭshŕnyánli fāshēng de shŕching dōu shr yīnwei jèijung sz̄syăng byànhwà dzàuchéngde.

Syīyang wénhwà dwei Jūnggwo de yĭngsyăng swéirán hen dà, kĕshr bìng bùnéng wánchywán găibyàn jichyánnyan lái de Jūnggwo wénhwà. Jìn jishrnyán lai Jūnggwo dàdwōshùde jèngjrjyā, sz̄syăngjyā he jyàuyujyā dōu rènwéi Jūnggwo yīnggāi mwófăng Syīyang wénhwà, túngshŕ hai băulyóu Jūnggwo bĕnlái yŏu de hăuchu. Jeiyàng tsái kéyi shŕ Jūnggwo shèhwèi byànchéng chywán shŕjyè yige dzwèi lĭsyăng de shèhwèi. Kĕsyī dzai tamende syīwang hai méiyou shŕsyàn jŕchyán, Gùngchăndăng jyòu jànlĭng Jūnggwo dàlù le.

Jūnggùng jànlĭng Jūnggwo dàlù yihòu, shŏusyān yàu pwòhwài yíchyè gen gùngchănjŭyì butúngde jyòu sz̄syăng, jyòu jŕdu. Tāmen shwō jèi yítsz̀ de găibyàn búshr găicháuhwàndài érshr tyānfāndìfú.

Tāmen bǎ Jūnggwo shèhwèi fēnchu hen dwō jyēji lai. Tíchàng jyēji gen jyēji jr̄jyān de dòujēng. Tamen rènwéi Rújyā swǒ tíchàng de lwúnlǐ gwānnyàn shr rén yāpwò rén. Dzài gùngchǎnjǔyǐ shèhwèili gèrén wánchywán shr shǔyú gwójyā de, jǐ yīnggāi ài gwójyā, ài dǎng. Fùmǔ, fūfù, syūngdì de ài, dou shr syǎudžchǎnjyēji de hwài syígwan.

Jūnggùng wèile jǐnlyàng ba fùnyǔ tsúng jyātíngjūng jyěfàngchulai, kāibànle syǔdwō twōérswǒ. Hòulái yòu dzǔjr rénmíngūngshè. Rénmíngūngshèli budàn you gūnggùngsùshè, gūnggùngshŕtáng, hái yǒu syǐyīdwèi děngděng dzǔjr. Nánnyulǎushàu dou gēn dzai jyūndwèili yíyàng, yìchǐ shēnghwo, yìchǐ gūngdzwò. Jūnggwo jichyānnyán chwántǔngde jyātíng wánchywán bèi pwòhwàile, rénmín jyǎnjr̄ gǎnjywédàu wújyākěgwēi.

Túngshŕ Jūnggùng wèile yàu shǐ Jūnggwo hen kwài de gūngyehwà, pīnmìng fājǎn gūngyè, ba hen dwō núngmín pàidau gūngchángli chyu dzwò gūng. Jeiyàngyǐlái, lyángshr shēngchǎn jyǎndǐle, gūngyè ywánlyàu ye bugòu yùng, yǐ núngyè wéi běn de Jūnggwo shèhwèi wánchywán bèi pwòhwàile, yǐ gūngyè wei běn de shèhwèi hái méiyou jyànlichilái.

Jūnggùng wèile yàu syāumyè shèhwèishangde yíchyè jyēji, chúle dzài gāng jànlǐng Jūnggwo dàlù yihòu, chǐngswànle dìjǔjyēji he džchǎnjyēji yiwài, gèng shŕcháng ba nyànshū de ren, dzwò gwān de ren, pàidau gūngchángli chyu dzwò gūngrende shr̄, pàidau syāngsya chyu dzwò núngrende shr̄. Tamen yàu shǐ gūngren, núngren, yǔngywǎn jwānjèng; džchǎnjyēji, dìjǔjyēji, jr̄shrfèndž de tèshū dìwèi wánchywán syāumyè. Dànshr yǒuren shwō džchǎnjyēji děngděng de tèshū dìwèi swéirán syāumyèle, kěshr dzai gùngchǎnjǔyǐ shèhwèijūng yòu chǎnshēngle yige syīnde jyēji, na jyòushr Jūnggùngde dǎnggànbù jyēji.

Dzǔngéryánjr̄, Jūnggwo dzai lìshr̄shang swéirán jīnggwò wúshùde nèilwàn he wàihwàn, kěshr tsúnglái méiyou yijǔng lǐlyang kéyi gēnběn gǎibyàn Jūnggwode chwántǔng shèhwèi. Syīfang wénhwà chwándàu Jūnggwo yihòu, swéirán fāshēngle hen dà de yǐngsyǎng, keshr bìng méiyou dùngyáu Jūnggwo chwántǔng shèhwèi de jīchǔ.

Jūnggùng tǔngjr̄ Jūnggwo dàlù yihòu, swéirán yùng jǔngjǔng fāngfǎ ba Jūnggwo chwántǔng de shèhwèi jr̄du pwòhwaile, dànshr Jūnggwo chwántǔng shèhwèi gwānnyàn bìng méiyou bèi syāumyè. Rúgwǒ Jūnggwode chwántǔng shèhwèi gwānnyàn réngrán tswúndzài, dwèi gùngchǎnjǔyǐ shèhwèi de jyànli shr yige dà jàngài.

第十四講 中國現代社會的演變[1]

十九世紀以前中國很少跟西方國家接觸。從十九世紀開始就有很多西方人到中國來傳教或是作買賣。中國人也開始到外國去留學。[2] 中西文化接觸以後，[3] 中國的傳統社會開始發生變化。

西洋人到了中國以後，在中國開工廠、修鐵路、[4] 把西洋的工業、商業制度介紹到中國。[5] 大城市裏開辦了很多工廠，很多人都從鄉下搬到城裏去工作。[6] 個人的經濟獨立以後，[7] 自由結婚[8] 和小家庭制度就開始了。

西洋文化也給中國帶來了科學和民主。這兩種新思想不但改變了中國傳統的教育方法，也改變了教育的內容。受了這種新式教育的人就要求思想上的自由，政治上的民主，[9] 男女平等和個人跟國家的獨立。中國最近這幾十年裏發生的事情都是因為這種思想變化造成的。

西洋文化對中國的影響雖然很大，可是並不能完全改變

幾千年來的中國文化。近幾十年來中國大多數的政治家、思

想家、和教育家都認為中國應該模[10]仿西洋文化，同時還保留[11]

中國本來有的好處。這樣才可以使中國社會變成全世界一

個最理想的社會。可惜在他們的希望還沒有實現之前，共產[12]

黨就佔領中國大陸了。

中共佔領中國大陸以後，首先要破壞一切跟共產主義不

同的舊思想、舊制度。他們說這一次的改變不[13]是改朝換代而[14]

是天翻地覆。[15]

他們把中國社會分出很多階級來。提倡階級跟階級之間

的鬥爭。[16]他們認為儒家所提倡的倫理觀念是人壓[17]迫人。在共

產主義社會裏個人完全是屬[18]於國家的，只應該愛國家、愛黨。

父母、夫婦、兄弟的愛、都是小資產階級的壞習慣。[19][20]

中共爲了儘量把婦女從家庭中解放出來，開辦了許多托兒所。後來又組織「人民公社」人民公社裏不但有公共宿舍、公共食堂、還有洗衣隊等等組織，男女老少都跟在軍隊裏一樣，[21][22][23][24][25][26][27]

一起生活、一起工作。中國幾千年傳統的家庭完全被破壞了，[28]

人民簡直感覺到「無家可歸」。[29][30]

同時中共爲了要使中國很快的工業化，拼命發展工業，把[31]

很多農民派到工廠裏去作工。這樣一來，糧食生產減低了，工業原料也不夠用，以農業爲本的中國社會完全被破壞了，以[32][33]

工業爲本的社會還沒有建立起來。

中共爲了要消滅社會上的一切階級，除了在剛佔領中國大陸以後清算了地主階級和資產階級以外，更時常把念書的人、作官的人、派到工廠裏去作工人的事，派到鄉下去作農[34][35][36][37][38]

人的事。他們要使工人農人、永遠專政；資產階級、地主階級、知識份子的特殊地位的特殊地位完全消滅。但是有人說資產階級等等的特殊地位雖然消滅了，可是在共產主義社會中又產生了一個新的階級那就是中共的黨幹部階級。

總而言之，中國在歷史上雖然經過無數的內亂和外患，可是從來沒有一種力量可以根本改變中國的傳統社會。西方文化傳到中國以後，雖然發生了很大的影響，可是並沒有動搖中國傳統社會的基礎。

中共統治中國大陸以後，雖然用種種方法把中國傳統的社會制度破壞了，但是中國傳統社會觀念並沒有被消滅。如果中國的傳統社會觀念仍然存在，對共產主義社會的建立是一個大障礙。

Lecture 15

SPOKEN LANGUAGE

VOCABULARY

1.	Dūngyǎ	東亞	PW: East Asia
2.	Yīngyǔ	英語	N: English (language)
3.	Lyánhégwǒ	聯合國	N: United Nations
4.	. . . jřyī	…之一	one of the . . .

wǔge rén jřyī
(one of the five persons)

5.	gwānhwàchyū	官話區	N: Mandarin-speaking area
6.	kǒuyīn	口音	N: accent
7.	dàtúngsyǎuyî	大同小異	PH: not very different, for the most part alike
8.	yǔyánsywé	語言學	N: linguistics
9.	gwāndyǎn	觀點	N: point of view
10.	dānyīn	單音	AT: monosyllabic
11.	dž	字	N: a written character, ideograph
12.	tsź	詞	N: word
13.	wánjěng	完整	SV: be complete, whole
14.	dǎngdzwò	當作	FV: consider as

Wǒ yīngdāng bǎ jèijyan shřching
dàngdzwò wǒ džjǐde shřching.
(I should consider this under-
taking as my own.)

15.	wénfǎ	文法	N: grammar
16.	jǔtsź	主詞	N: subject (grammatical term)
17.	bīntsź	賓詞	N: object (grammatical term)
18.	běnshēn	本身	N: itself
19.	ywánláide	原來的	N: the original, previous one
20.	shēngdyàu	聲調	N: tone; intonation
21.	yǔyīn	語音	N: syllable
22.	shēngjyàng	·升降	N: ascending and descending
23.	'pǐng, shǎng, chyù, rù'	'平,上,去,入'	'even, rising, going (or falling), and entering.' (the traditional names for tones in Chinese)

23.1	píngshēng	平聲	N: even tone
23.2	shǎngshēng	上聲	N: rising tone
23.3	chyùshēng	去聲	N: going (or falling tone)
23.4	rùshēng	入聲	N: entering tone
24.	yīnpíng	陰平	N: upper even tone
25.	yángpíng	陽平	N: lower even tone
26.	gwóyǔ	國語	N: (Chinese) national language, Mandarin
27.	shēng	聲	M: tone
28.	yísyàng	一向	MA: heretofore
29.	chyūshr̀	趨勢	N: tendency
30.	dàywē	大約	A: approximately, generally
31.	yǔshǒu	語首	N: initial (linguistic term)
32.	džyīn	子音	N: consonant
32.1	mǔyīn	母音	N: vowel
33.	yǔwěi	語尾	N: final (linguistic term)
34.	lèisz̀	類似	SV: be similar
35.	hébìng	合併	FV: combine

bǎ jèi lyǎngge hébìngchilai
(combine these two)

jèige gen nèige hébìng
(combine this with that)

36.	fùhétsź	複合詞	N: compound
37.	jùmíngtsź	助名詞	N: measure, classifier
38.	túngyīndž	同音字	N: homonym
39.	wùhwèi	誤會	FV/N: misunderstand/misunderstanding
40.	bǔjyòu	補救	FV: remedy
41.	syāngjìn	相近	SV: be close, similar
42.	syānggwān	相關	SV: be related, associated
43.	háiyǒu	還有	furthermore, moreover
44.	míngtsź	名詞	N: noun
45.	dzwòyung	作用	N: function; effect
46.	fāngyán	方言	N: dialect
47.	Fújyàn	福建	PW: Fukien (province)
48.	wèile ... chǐjyàn	爲了…起見	for the sake of ...

49. gwóyǔ yùndùng   國語運動   N: the campaign to promote the na-
                                            tional language

   49.1 yùndùng   運動   N: campaign, movement

50. byāujwǔn   標準   N: standard

51. yídùng   移動   N/FV: moving (change of residence)/
                                            move, change residence

DISHRWǓJYǍNG

Jūnggwode Yǔyán

Jūnggwo yǔyán shr Dūngyǎde jǔyàu yǔyán, ye shr chywán shr̀jyèshang shwō
de ren dzwèi dwō de yìjǔng yǔyán.   Jūnggwo swéirán you jige shǎushu mǐndzú
shwō tamen dẑjǐde yǔyán, kěshr chywán Jūnggwo rénkǒu bǎifenjř-jyǒushrwǔ yǐ-
shàng dōu shr Hànren, swóyi women kéyi shwō Hànren swǒ shwō de yǔyán jyǒu-
shr Jūnggwo yǔyán. Shr̀jyèshang hen dwō dìfang dou yǒu shwō Jūnggwo yǔyán de
ren, keshr bǎifenjř-jyǒushrwǔ yǐshàng shwō Jūnggwo yǔyán de ren dōu jùdzai
Jūnggwo, swóyi women kéyi shwō Jūnggwo yǔyán shr yìjǔng gwójyāde yǔyán. Jèi
he Yīngyǔde chíngsyíng bùtúng, shr̀jyèshang yǒu hěn dwō shwō Yīngyǔ de gwójyā,
swóyi women kéyi shwō Yīngyǔ shr yìjǔng gwójì yǔyán.   Jūnggwo yǔyán ye shr
Lyánhegwó jèngshr tsǎiyùng de yǔyán jřyī.

Jūnggwode myànji hen dà, rénkǒu hen dwō, Jūnggwo yǔyán hen fǔdzá. Yǐ yǔyán
fēnbù de dìchyū laishwō yǒuren fēnchéng jyǒuchyū, yǒuren fēnchéng shryīchyū.
Chíjǔng yǒu sānchyū jyàu gwānhwachyū, gwānhwachyū jàn chywángwó myànji de
shŕfēnjř̄jyǒu, tsúng dūngběi dau syīnánbù de Yúnnán, Gwěijōu, dou shǔyu gwān-
hwachyū.   Gwānhwachyūlide ren swǒ shwō de hwà, swéirán měi yige dìfang you
měi yige dìfang de kǒuyīn, dànshr kéyi shwō shr dàtúngsyǎuyì, bǐtsž dōu kèyi
dǔng.

Tsúng yǔyánsywé de gwāndyǎn lai kàn, Jūnggwo yǔyán you sānjǔng tèsyìng:

Yī, shr dānyīnde.   Jūnggwo yǔyán you dẑ he tsź de fēnbye.   Dẑ shr Jūnggwo
yǔyánli dzwèi syǎu de dānwèi.   Dẑ shr dānyīnde, tsź bùyidìng shr dānyīnde.

Er, tsź shr dúlìde, shr búbyànde. Dzai Jūnggwo yǔyánli, yige tsź dàibyǎu yíge
dúlì wánjěng de gwānnyàn. Jèige tsź bulwùn shémma ywányīn, syàng dàngdzwò
wénfǎjǔngde jùtsź hwòshr bīntsź shemmade, tsź běnshēn búbyàn.   Bǐfang shwō,
'wǒ syǐhwan nǐ', 'nǐ syǐhwan wǒ', dièrjyù hwàlitou de bīntsź 'wǒ' gen diyījyu litou
de jùtsź 'wǒ' wánchywán yíyàng, yìdyǎr dou méibyàn. Dzài ná gāngtsái swǒ shwō

de tóuyíjyu hwà láishwō, yàushr ba 'wǒ syǐhwan nı' gǎichéng 'tā syǐhwan nǐ', dzai Jūngwénli bùgwǎn nèige jǔtsz shr 'wǒ' hwòshr 'tā', nèige tsź 'syǐhwan' háishr gen ywánláide yíyàng.

Sān, shr yǒu shēngdyàu de.   Jūnggwo yǔyanli měi yige yǔyīn dou you shēng-jyàng, chángdwǎn de byànhwà.   Shēngdyàu bùtúng yìsz jyòu bùyiyàng.   Jūnggwo yǔyán de shēngdyàu, tsúngchyán fēn 'píng, shǎng, chyù, rù.'   Píngshēng yòu fēn yīnpíng he yángpíng.   Syàndài Jūnggwo gwóyǔ ba shēngdyàu fēnchéng sżjǔng: yīnpíng jyàu diyīsheng, yángpíng jyàu dièrsheng, shǎngshēng jyàu disānsheng, chyùsheng jyàu disżsheng.   Gwóyǔ jyòushr jèi sżjǔng shēngyin de pèihé, yǒu cháng yǒu dwǎn, yǒu gāu yǒu dī, tīngje hen syàng yīnywè.

Jūnggwo yǔyán yísyàng fājǎn de chyūshř̀ dàywē yǒu lyǎngge yàudyǎn:

Yī, yǔyīnde jyǎndānhwà.   Jèige byànhwà dzài jìywánhòu dîwùshř̀jǐ yǐjīng kāi-shř̌.   Jèige byànhwàde jyēgwǒ: yige yǔyinde yùshǒu jřyou yíge džyīn; yǔwěide džyīn yǒusyē gen byéde lèisżde džyīn hébìngle, yǒusyē chyūsyāule.   Bǐfang shwō tsúngchyán yǒusyē dż de yǔshǒu shr 'pl', syàndzài jèiyangde yǔshǒu méiyǒule. Tsúngchyán 'nánfāng' de 'nán' nyan 'nám' syàndzài dzai gwóyǔli nyàn 'nán' le.

Èr, fùhétsź he jùmíngtsz de dzēngjyā.   Yīnwei yǔyīn jyǎndanhwà, túngyīndż dzēngjyāle, tīngje hen rúngyi wùhwei.   Wèile bǔjyòu jèidyǎn, dzēngjyāle fùhétsź he jùmíngtsź.   Fùhétsź shr ba yìsz syāngjìn hwòshr syānggwān de dż hébìngdzai yikwàr, shř̌ yìsz gèng chīngchu.   Bǐfang yǒuren shwō 'yì' swéirán tīngdechulai ta shwo de shr disżshēng, keshr shéi gǎn shwō shr nèige dż ne? Yàushr bushwō 'yì' shwō 'yìsz', 'rúngyi', 'fānyi' nà jyòu chīngchu le.   Háiyǒu, yǒude míngtsź hòutóu jyā yige 'dž' hwòshr 'ér' yěshr yiyàng de dzwòyùng. Jùmíngtsź de dzēng-jyā ye fēicháng jùngyàu. Bǐfang yǒurěn shwō 'yìrén', tīng de rén bùrúngyi tīngde-chulai shr shémma yìsz, yàushr jyāshang yige jùmìngtsź 'gè', 'yigè ren', nèmma jyòu buhwèi wùhwei shr byéde yìsz le.

Míngwó yǐlái, Jūnggwode yǔyán yòu yǒu yige syīnde chyūshř̌. Jūnggwode yǔyánjūng chúle shǎushù míndzú dou you tamen dżjǐde yǔyán yǐwài, yǒusye fāngyán syàng Shànghǎi hwà, Fújyàn hwà, Gwǎngdūng hwà děngděng gen gwóyǔ ye hen bùyiyàng, wèile tǔngyī chywángwó yǔyán he fājǎn wénhwà chǐjyàn, Míngwó chūnyán jèngfǔ jyòu kāishř̌ twēisyíng gwóyǔ yùndùng.   Gwóyǔde fāyīn shr yi Běipíng hwà wéi byāujwǔn.

Yīnwei shŕdài jìnbùle, jyāutūng fādále, dzài jyāshang rénkǒude yídùng, jèng-fǔde jíjí twēisyíng, swóyi Jūnggwo yǔyán de tǔngyī yùndùng dzai gwòchyù jishř̌-nyán yǒu hen dà de jìnbù.   Jyòu yǐ Táiwān laishwō, Kàngjàn yichyán de Táiwan, yibānren bushř̌ shwō Táiwān hwà, jyòushr shwō R̀běn hwà, Kàngjàn shènglì yihòu, syàndzài dzài Táiwān de ren chàbudwō dōu hwèi shwō gwóyǔ le.

第十五講 中國的語言

中國語言是東亞的主要語言[1]，也是全世界上說的人最多的一種語言。中國雖然有幾個少數民族說他們自己的語言，可是全中國人口百分之九十五以上都是漢人，所以我們可以說漢人所說的語言就是中國語言。世界上很多地方都有說中國語言的人，可是百分之九十五以上說中國語言的人都住在中國，所以我們可以說，中國語言是一種國家的語言。這和英語[2]的情形不同，世界上有很多說英語的國家，所以我們可以說英語是一種國際語言。中國語言也是聯合國[3]正式採用的語言之一[4]。

中國的面積很大，人口很多，中國語言很複雜。以語言分佈的地區來說，有人分成九區，有人分成十一區。其中有三區叫官話區[5]。官話區佔全國面積的十分之九，從東北到西南部的雲南貴州都屬於官話區。官話區裏的人所說的話，雖然每一個地方有每一個地方的口音[6]，但是可以說是大同小異[7]，彼此都可以懂。

從語言學的觀念[8][9]來看，中國語言有三種特性。

一、是單音[10]的。中國語言[11]有字和詞[12]的分別。字是中國語言裏最小的單位。字是單音的，詞不一定是單音的。

二、詞是獨立[13]的，是不變的。在中國語言裏，一個詞代表一個獨立完整的觀念。這個詞不論甚麼原因，像當作[14]文法[15]中的主[16]詞或是賓詞甚麼[17]的，詞本身[18]不變。比方說，「我喜歡你」「你喜歡我」，第二句話裏頭的賓詞「我」跟第一句裏頭的主詞「我」完全一樣，一點兒都沒變。再拿剛才所說的頭一句話來說，要是把「我喜歡你」改成「他喜歡你」，在中文裏不管那個主詞是「我」還是「他」，那個詞「喜歡」還是跟原來[19]的一樣。

三、是有聲調的。中國語言裏每一個語音都有升降長短的[20][21][22]

變化聲調不同意思就不一樣。中國語言的聲調，從前分平、上、[23]

去、入。平聲又分陰平和陽平。現代中國國語把聲調分成四種，[24]

陰平叫第一聲，陽平叫第二聲，上聲叫第三聲，去聲叫第四聲。[25][26][27]

國語就是這四種聲音的配合，有長有短，有高有低，聽着很像

音樂。

中國語言一向發展的趨勢大約有兩個要點。[28][29][30]

一、語音的簡單化。這個變化在紀元後第五世紀已經開始。

這個變化的結果：一個語音的語首只有一個子音，語尾的子[31][32][33]

音有些跟別的類似的子音合併了，有些取消了。比方說從前[34][35]

有些字的語首是「Pl」，現在在這樣的語首沒有了。從前「南方」的「南」

念「nám」，現在在國語裏念「nán」了。[36]

二、複合詞和助名詞的增加。因為語音簡單化，同音字增加[37][38]

了，聽着很容易誤會[39]。爲了補救這點，增加了複合詞和助名詞[40]。

複合詞是把意思相近或是相關的字併在一塊兒，使意思[41]

更清楚。比方有人說「yi」，雖然聽得出來他說的是第四聲，可是[42]

誰敢說是那個字呢？要是不說「yi」，說「意思」「容易」「繙譯」，那就清楚

了。還有，有的名詞[43]後頭加一個「子」[44]或是「兒」也是一樣的作用[45]。助

名詞的增加也非常重要。比方有人說：「一人」；聽的人不容易聽

得出來是甚麼意思，要是加上一個助名詞「個」，「一個人」，那麼就

不會有人誤會是別的意思了。

民國以來，中國的語言又有了一個新的趨勢。中國的語言

中除了少數民族都有他們自己的語言以外，有些方言像上[46]

海話、福建話[47]、廣東話等等，跟國語也很不一樣[48]。爲了統一全國

語言和發展文化起見，民國初年政府就開始推行國語運動[49]。

國語的發音是以北平話爲標準[50]。

因爲時代進步了，交通發達了，再加上人口的移動，政府的[51]積極推行，所以中國語言的統一運動在過去幾十年有很大的進步。就以臺灣來說，抗戰以前的臺灣，一般人不是說臺灣話，就是說日本話，抗戰勝利以後，現在在臺灣的人差不多都會說國語了。

Lecture 16

WRITTEN LANGUAGE

VOCABULARY

1. chǐywán	起源	N:	origin, the beginning
2. jyéshéngjìshr̀	結繩記事	PH:	knotting a cord for recording events
3. shéngdz	繩子	N:	rope; cord, string
4. dǎ jyé	打結	VO:	tie a knot
5. Tsāngjyé	倉頡	N:	Tsang Chieh (the reputed inventor of Chinese writing)
6. chwǎngdzàu	創造	FV/N:	create/creation
7. kǎugǔsywéjyā	考古學家	N:	archaeologist
7.1 sywéjyā	學家	BF:	-ist
8. kè	刻	FV:	engrave, carve
9. gútou	骨頭	N:	bone
10. jyǎgǔwén	甲骨文	N:	shell and bone writing, oracle bones
11. túngchì	銅器	N:	bronzes
12. shŕchì	石器	N:	stone artifacts
13. Chínshŕhwáng	秦始皇	N:	Ch'in Shih Huang (the first emperor of the Ch'in Dynasty, who reigned from 221-209 B.C.)
14. gòudzàu	構造	N:	structure
15. syàngsyíng	象形	AT:	pictograph
16. syíngsyàng	形象	N:	graph, image, form
17. 'r̀' dz̀	'日'字	N:	character 'r̀' (日, the sun)
18. 'ywè' dz̀	'月'字	N:	character 'ywè' (月, the moon)
19. jǐshr̀	指事	AT:	simple ideograph
20. chōusyàng	抽象	SV:	be abstract
21. 'yī, èr, shàng, syà'	'一,二,上,下'		'one, two, up, down.'
22. hwèiyì	會意	AT:	compound ideograph
23. byǎushr̀	表示	FV/N:	indicate; express/indication
24. 'míng' dz̀	'明'字	N:	character 'míng' (明, bright)

132

中文有一千多了 sound.
4万多了字. 3000 习后报.

25.	syíngshēng	形聲	AT: phonetic compound
26.	'chíng' dz	'晴'字	N: character 'chíng' (' 晴 ', clear, not cloudy)
27.	'chīng' dz	'青'字	N: character 'chīng' (' 青 ', blue, green)
28.	fāngsyíng	方形	N: square
29.	yìshu	藝術	N: art
30.	jřyú	至於	as to, with regard to
31.	jyōujìng	究竟	A: after all; just exactly
32.	chūbǎn	出版	FV: publish
33.	Kāngsyīdzdyǎn	康熙字典	N: The Kanghsi Dictionary (compiled under the sponsorship of the Emperor K'anghsi of the Ch'ing Dynasty)
34.	jēnjèng	眞正	A/AT: actually, really, real, genuine
35.	píngjyūn	平均	MA: on the average
36.	dzmǔ	字母	N: alphabet
37.	jùyīnfúhàu	注音符號	N: National Phonetic Alphabet
38.	shŕdz yùndùng	識字運動	N: literacy movement
39.	dàitì	代替	FV: substitute
40.	Lādīnghwà	拉丁化	FV: Latinize
41.	jìnsyíng	進行	FV: carry out, proceed, engage in (doing)
42.	jyǎntǐdz	簡體字	N: simplified characters
43.	syāngtúng	相同	SV: be the same
44.	rènhé . . . dōu	任何…都	every . . .
			Rènhé gwójyā dōu yǒu yíge jèngfǔ. (Every country has a government.)
44.1	rènhé	任何	any
			bùsyūyàu rènhéren de bāngju (do not need anyone's help)
45.	wénjāng (M: pyān)	文章(M:篇)	N: writing, composition
			yìpyān wénjāng (an article)
46.	chyūbyé	區別	N: difference
47.	wényénwén	文言文	N: writings in the literary language

48. syīnwénhwà   新文化運動   N: The New Culture Movement
    yùndùng

49. báihwàwén   白話文(M:篇)   N: writings in the vernacular
    (M: pyān)

50. wénsywé   文學   N: literature

51. dzwòpǐn   作品   N: work (such as in literature or
                                     art)

52. bàujř   報紙   N: newspaper

DISHRLYÒUJYǍNG

Jūnggwóde Wéndž

Jūnggwo wéndž de chǐywán you hen dwō chwánshwō. Jyùshwō dzai dzwèi dzǎu de shŕhou, Jūnggworen jyéshéngjìshř. Jyéshéngjìshř jyoushr you dà shrching de shrhou yùng shéngdz dǎ yige dà jyé, you syǎu shřching de shrhou dǎ yige syǎu jyé, jèiyangyilái jyou ba nèisye shřching jìjule. Daule jìywánchyan sānchyānnyán dzwǒyòu, you yige ren jyàu Tsāngjyé, kāishř chwǎngdzàu wéndž. Dànshr hěn dwō sywéjě rènwéi dàule Shāngcháu Jūnggwo tsái jèngshř you wéndž. Jèi jyoushr káugǔsywéjyā swǒ fāsyàn de kědzai gútoushang de Jyágǔwén. Dzai Jōuchaude túngchǐ he shŕchǐshang ye fāsyàn wéndž. Daule Chínchaude shrhou, Chínshřhwáng wèile yàu dádàu jèngjrshangde tǔngyī, kāishr ba Jūnggwo wéndz de syéfa tǔngyī-chilai. Tsúng nèige shrhou chǐ, Jūnggwo wéndž de gòudzàu jyou méiyou shemma gēnběnde gǎibyàn.

Jūnggwó wéndž de gòudzàu, jyǎndānde shwō kéyi fēnchéng sžjǔng: Dìyī shr 'syàngsyíng'. Syàngsyíngde yìsz shr nèige dž de syíngsyàng gen jēnde dūngsyi chàbudwō, syàng 'ř' dz, 'ywè' dz. Dìer shr 'jřshř', shr nèige dž dàibyǎu yìjǔng chōusyàng de gwānnyàn. Swéiran bushr hwàr, dànshr yíkàn jyou jřdau tade yìsz, syang 'yī, èr, shàng, syà'. Dìsān shr 'hwèiyì', jyoushr ba lyǎngge yíkàn jyou jřdau yìsz de dž hébìngchilai, byǎushr yige syīnde yìsz, syang 'ř' dž, 'ywè' dž, hécheng 'míng' dž, 'Míng' jyoushr lyàngde yìsz. Dìsž shr 'syíngshēng', jyoushr yibùfen dàibyǎu yìsz, yíbùfen dàibyǎu shēngyin, syàng 'chīngtyān' de 'chíng' dž, dzwǒbyar shr yige 'ř', 'ř' shr jèige dž de yìsz, yòubyar shr 'chīngtsài' de 'chīng' dz, 'chīng' shr jèige dž de jīběn fāyīn.

Jūnggwo wéndž you hen dwō tèdyǎn: Dìyī, Jūnggwó dž dàdwōshù shr fāng-syíngde. Dìeř, Jūnggwó dž de syéfǎ, yìbāndeshwō, shr tsúng shàng wàng syà,

tsúng dzwǒ wàng yǒu. Dìsān, měiyige dž dōu you ta tèbyéde syíngsyàng. Jèisyē
syíngsyàng swǒ dàibyǎu de yìsz, wúlwùn shwō néijǔng fāngyán de rén kànde shr-
hou dōu dǔng. Dìsž, Jūnggwo wéndž de syéfa, běnshēn jyoushr yìjǔng yìshu.

Jřyú Jūnggwo jyǒujìng you dwōshǎu dž, jèige wèntí hen nán hwéidá. Yīchī-
yīlyǒunyán chūbǎn de Kāngsyīdždyánli, swéirán yígùng you sžwànjyǒuchyānge dz,
dànshr jēnjèng cháng yùng de dž bìng budwō. Yíge Jūnggwó dàsywé bìyè de sywé-
sheng, píngjywūn kéyi rènshr sž-wǔ chyānge Jūnggwó dž. Píngcháng rén rènshr
yìchyāndwōge dž jyou kéyi kàn bàu le.

Jūnggwo wéndž méiyou džmǔ, dzǔjř fǔdzá, sywéde shrhou bǐjyǎu kùnnan. Dž-
tsúng Míngwó chénglì yihou, jèngfǔ chwǎngdzàu jùyīnfúhàu, twēisyíng shřdžyùn-
dùng, jyégwǒ syāngdāng chénggūng. Dànshr jùyīnfúhàu háishr bùnéng dàitì
Jūnggwó dž. Jūnggùng jànlǐng dàlù yihou, ye tséngjīng tíchàng Jūnggwo wéndž
Lādǐnghwà, dànshr yīnwèi Jūnggwo fāngyán tài dwō, dzai yǔyán hai meitǔngyī
yǐchyán, shřdzài méi fádz jìnsyíng. Jūnggùng túngshř jyàu rénmín sywésyí jyǎn-
tǐdž. Tamen swǒ yùng de fāngfǎ shr chúle tsǎiyùng yǐjing yǒu de yìsye jyǎntǐdž
yǐwài, yǒu jyāle bushǎu syīnde, érchyě ba syǔdwō shēngyin he yìsz syāngtúng
hwoshr syāngjìn de dž yùng yíge dž lái dàitì. Jèi dwei twēisyíng shřdžyùngdùng
kěnéng you hǎuchu, kěshr bìng bunéng gēnběn jyějywé wèntí.

Shřjyèshang rènhé dìfang de rén swǒ shwō de hwà gen swǒ syě de wénjāng
dōu kěnéng you chyūbye, dànshr yǐ Jūnggwo láishwō jèige chyūbye tèbyé dà. Yī-
jyǒuyīchīnyan yichyán, chúle hen shǎu de syǎushwōr shr yùng báihwà syě de
yǐwài, Jūnggwode wénjāng dōu shr yùng wényán syě de. Jūnggwode wényánwén
swéirán kéyi yùng hen shǎu de dž byǎushr hen shēn de yìsz, kěshr yǒude shřhou
jèiyang dàu nándǔngle. Jèi dwèi twēisyíng jyàuyu he fājǎn wénhwà dōu hen
bufāngbyan, swóyi dzai yǐjyǒuyīchīnyán Syīnwénhwà-Yùngdùng jūng, dzwèi jùngyàu
de yijyan gūngdzwo jyoushr tíchàng báihwàwén. Tsung nèige shrhou chǐ, dàjyā
jyou yung báihwà lái syě wénjāng. Syàndzài Jūnggwode wénsywé dzwòpǐn he bàu-
jřshangde wénjāng dwōbàn dōu buyùng wényán le.

第十六講　中國的文字

中國文字的起[1]源有很多傳說。據說在最早的時候，中國人結繩記事。[2]結繩記事就是有大事情的時候，用繩子打一個大結，有小事情的時候打一個小結。這樣一來就把那些事情記住了。到了紀元前三千年左右，有一個人叫倉頡，[5]開始創造文字。但是很多學者認為到了商朝中國才正式有文字，這就是考古學家所發現的刻在骨頭上的「甲[10]骨文」。在周朝的銅器和[11]石器上也發現的[12]刻在骨頭上的。到了秦朝的時候，[13]秦始皇為了要達到政治上的統一，開始把中國文字的寫法統一起來。從那時候起，中國文字的構[14]造就沒有甚麼根本的改變。

中國文字的構造，簡單的說可以分成四種：第一是「象[15]形」。象形的意思是那個字的形[16]象跟真的東西差不多，像「日」[17]字、「月」[18]字。

第二是指[19]事，是那個字代表一種抽[20]象的觀念。雖然不是畫兒，

但是一看就知道它的意思，像「一、二、上、下」。第三是會意[22]，就是把兩個一看就知道意思的字合併起來，表示一個新的意思，像「日」字「月」字合成「明」[24]字。明就是亮的意思。第四是形聲[25]，就是一部份代表意思，一部份代表聲音，像「晴天」的「晴」[26]字，左邊兒是一個「日」，「日」是這個字的意思，右邊兒是「青菜」的「青」[27]，「青」是這個字的基本發音。

中國文字有很多特點：第一、中國字大多數是方形的[28]。第二、中國字的寫法，一般的說，是從上往下，從左往右。第三、每一個字都有它特別的形象，這些形象所代表的意思，無論說那種方言的人看的時候都懂。第四、中國文字的寫法，本身就是一種藝術。[29]

至於中國究竟[31]有多少字，這個問題很難回答。一七一六年出版的[32]康熙[33]字典裏，雖然一共有四萬九千個字，但是眞正常[34]

用的字並不多。一個中國大學畢業的學生，平均可以認識四

五千個中國字，平常人認識一千多字就可以看報了。

中國文字沒有字母，組織複雜，學的時候比較困難。自從民

國成立以後政府創造注音符號，推行識字運動，結果相當成

功。但是注音符號還是不能代替中國字。中共佔領大陸以後，

也曾經提倡中國文字拉丁化，但是因為中國方言太多，在語

言還沒統一以前，實在沒法子進行。中共同時叫人民學習簡

體字。他們所用的方法是除了採用已經有的一些簡體字以

外，又加了不少新的，而且把許多聲音和意思相同或是相近

的字用一個字來代替。這對推行識字運動可能有好處，可是

並不能根本解決問題。

世界上任何地方的人所說的話跟所寫的文章都可能有

區別，但是以中國來說這個區別特別大。一九一七年以前，除

了很少的小說兒是用白話寫的以外, 中國 的文章都是用文言寫的。 中國 的文言文雖然可以用很少的字表示很深的意思, 可是有的時候這樣倒難懂了。這對推行教育和發展文化[47]都很不方便, 所以在一九一七年新文化運動中, 最重要的一件工作就是提倡白話文。從那個時候起, 大家就用白話來寫文章。現在 中國 的文學作品和報紙上的文章多半都不用文言了。[48][49][50][51][52]

THE SPECIAL CHARACTERISTICS OF CHINESE LITERATURE

VOCABULARY

1.	běnjŕ	本質	N: essence, intrinsic quality
2.	Shŕjīng	詩經	N: Book of Songs, Book of Odes (the earliest anthology of Chinese poetry containing more than 300 songs composed before the sixth century B.C.)
3.	kànjùng	看重	FV: regard as important, regard highly
4.	bùjŕbùjywéde	不知不覺的	A: unconsciously, unknowingly
5.	fābyǎu	發表	FV: to make known
6.	rénshēng	人生	N: human life (in the philosophical sense)
7.	Lǎudž	老子	N: Lao Tzu (a Taoist philosopher who was born about 570 B.C.); Book of Lao Tzu
8.	Jwāngdž	莊子	N: Chuang Tzu (a Taoist philosopher and writer who lived circa 300 B.C.); Book of Chüang Tzu
9.	Dàujyā	道家	N: Taoists
10.	syànshŕ	現實	N: reality
11.	pánggwānjě	旁觀者	N: onlooker
12.	lǐjŕ	理智	N: reasoning
13.	syǎngsyàng	想像	N/FV: imagination/imagine
14.	tàidu	態度	N: attitude
15.	syǎnrán	顯然	A: obviously
16.	jí	極	A: extremely
17.	Fwójyā	佛家	N: Buddhists
18.	lyóusyíng	流行	SV: be prevalent, popular
19.	rénshēnggwān	人生觀	N: view of life, philosophy of life
20.	yùnwén	韻文	N: verse
21.	sǎnwén	散文	N: prose
22.	gǎnchíng	感情	N: feelings, emotions
23.	dzwòjyā	作家	N: writer

24.	dzài . . . V . . . (ne)	在···V···(呢)	V-ing Shéi dzài jyāu ta? (Who is teaching him?)
25.	jřdǎu	指導	FV/N: guide/guidance
26.	twēidùng	推動	FV: push, motivate; push (such as work)
27.	shàngbyar	上邊兒	PW: above
28.	syìnggé	性格	N: personality
29.	syōuyǎng	修養	N: cultivation (of mind)
30.	byǎusyàn	表現	FV/N: reveal, manifest/manifestation
31.	dzwòfēng	作風	N: style (such as in literature or art); way of doing things
32.	wěnjùng	穩重	SV: be stable, moderate
33.	hánsyù	含蓄	SV: be implicit
34.	jřchū	指出	AV: point out
35.	jìnyíbù	進一步	A: to take one step further and . . .
36.	'jīng, shř, dž, jí'	'經,史,子,集'	'Classics, History, Philosophy, Belles lettres'
37.	bù	部	M/BF: category/category (such as classification of books)
38.	sywǎn	選	FV: select
39.	jìdzǎi	記載	FV/N: record/recording
40.	yìshēng	一生	N: (one's) whole lifetime
41.	jìlù	記錄	N: record
42.	yánsù	嚴肅	SV: be serious, solemn
43.	shŕfēn	十分	A: extremely, hundred percent
44.	yōuměi	優美	SV: be sublime
45.	myáusyě	描寫	FV: describe, delineate
46.	shēngdùng	生動	SV: be vivid, lively
47.	sžhū	似乎	A: seems
48.	"wén shř bùfēn"	'文史不分'	"Literature and history are hard to distinguish from each other."
49.	"Yán jř wú wén, syíng jř bù ywǎn."	"言之無文,行之不遠"	Words without elegance cannot go far," a saying of Confucius
50.	. . . jř swóyǐ . . . (A) (B)	···之所以··· (A) (B)	the reason why . . . V . . . (A) (B)
51.	gūngrènshr	公認是	A: publicly recognize as

51.1 gūngrèn . . .   公認…是…   publicly recognize . . . as . . .
      (A)   (A) (B)   (A)   (B)
      shř . . .
      (B)

                                              Wǒmen gūngren ta shr wǒmende
                                              lǐngsyòu.
                                              (We publicly recognize he is
                                              our leader.)

52. Wǔsżyùndùng   五四運動   N: May Fourth Movement
53. tǐtsái   體裁   N: literary form
54. chūngshŕ   充實   SV: be substantial, solid

DISHRCHǏJYǍNG

Jūnggwo Wénsywé de Běnjŕ

  Jūnggwo tsúng sānchyānnyán yǐchyán jyòu kāishř yǒule yíge bǐjyǎu āndìngde
shēnghwó.   Dzài Jūnggwo dzwèi dzǎu de wénsywé dzwòpǐn—Shřjīngli jyòu kéyi
kàndechulái.

  Kǔngdž tèbyé kànjùng Shřjīng. Ta jywéde Shřjīng keyi dàibyǎu Jūnggwo dzǎu-
chǐde shèhwèi shēnghwó. Nèige shrhou de shèhwèi shēnghwo hen jŕde mwófǎng,
swóyi ta tèbyé tíchàng.   Hòulái yìbānren jyòu bùjŕbujywéde gēnje tade sżsyǎng
fājǎn. Jèijung sżsyǎng yǐngsyǎngle lyǎngchyāndwōnyán lái de Jūnggwo wénsywé.

  Dàule Jàngwóshŕdài, rénmínde sżsyǎng gèng dżyóule. Syúdwō sżsyǎngjyā dōu
budwànde fābyǎu tamen dwèi rénshēng de kànfǎ. Chíjūng Lǎudž, Jwāngdž de
sżsyǎng dzài wénsywéshang de yǐngsyǎng dzwèi dà.   Lǎudž, Jwāngdž de jésywé
yě jyòushr swǒwèide Dàujyāde jésywé, shř rén líkāi syànshŕ, jàndzài pánggwān-
jěde lìchǎng gwānchá dżrán. Jèijǔng jùjùng lǐjŕ, túngshŕ yǒu jùjùng syàngsyàng
de rénshēng tàidu, syānrán he Kǔngdž swǒ tíchàng de bùtúng.

  Chúle Kǔngdž, Lǎudž, Jwāngdž de sżsyǎng dwei Jūnggwo wénsywé you jí dà
de yǐngsyǎng yiwài, hái you Fwójyā sżsyǎng.   Yǐshàng jèi sānjǔng sżsyǎng ye
jyòushr syàndài swǒ shwō de Rújyā sżsyǎng, Dàujyā sżsyǎng, Fwójyā sżsyǎng.
Jèi sānjǔng sżsyǎng dzai Jūnggwo lìshŕshang yǒude shrhou mǒu yijǔng hen lyóu-
syíng, yǒude shrhou lìngwài yǐjǔng hen lyóusyíng.   Yǒude shrhou jei sānjǔng
gēnběn fēnbukāi. Jūnggworende rénshēnggwān gen Jūnggwode wénsywé, kéyi
shwō dàbùfen shòu jei sānjǔng sżsyǎng de yǐngsyǎng.

Jūnggwode wénsywé dzwòpǐn, bulwùn shr yùnwén hwòshr sǎnwén, shr syě gèren gǎnchíng de, hwòshr syě shèhwèi chíngsying de, dzwòjyāde syīnli wǎngwǎng yǒu yige lǐsyǎng dzai jřdǎu ta, yījǔng lìlyang dzai twēidùng ta. Jèige lǐsyǎng he lìlyang dōu he shàngbyar swǒ shwō de sānjǔng szsyǎng you gwānsyi.   Hwànjyu-hwàshwō, ye jyòushr dzwòjyā chángcháng bujřbujywéde shou chwántǔng szsyǎng de yǐngsyǎng.   Tamende syīngge, syōuyǎng swéirán butúng, kěshr yibāndeshwō, tamen dzài dzwopǐnjūng swǒ byǎusyàn de dzwòfēng dou you syāngtúngde tèdyǎn. Jèige tèdyǎn jyòushr yòu wěnjùng yòu hánsyù.

Yǐshàng women jřchū dwèi Jūnggwo wénsywé yǐngsyǎng dzwèi shēn de sānjǔng szsyǎng.   Women syàndzài jǐnyibù lai yánjyou yisyà dzài Jūnggwo jichyānnyán lyóusyalai de dzwòpǐnjūng, shémma shr wénsywé dzwòpǐn.

Ànjàu chwántǔngde fēnfǎ, Jūnggwode dzwòpǐn yísyàng fēnchéng 'jīng', 'shř', 'dž', 'jí' szbù. Jīngbù bāukwò Rújyā swǒ sywǎn de gwānyu jèngjr, jīngji, lwúnlǐ, jésywé jei jifāngmyan bǐjyǎu jùngyau de shū.   Shřbu jǐdzǎi lìshř.   Džbù shr gè jésywejyā jèngjrjyā, yìshēng szsyǎng de jìlù. Jíbù bāukwò dzwòjyā dzjǐ chūbǎnde hwòshr hòulàide ren tì ta chūbǎn de shū. Jīngbùde dzwòpǐn, nèirúng bǐjyǎu yánsù. Shřbùde shū jùjùng jǐdzǎi shřshř.   Jeilyǎngbùde dzwòpǐn hen rúngyi ràng ren wùhwèi, rènwei tamen búshr wénsywé dzwòpǐn.   Kěshr jīngbùlide shū chúle hen yánsù de jyǎng rénshēng dàuli yiwài, you syē dìfang wénjāng ye shřfēn yōuměi, shřbulide shū chúle jǐdzǎi lìshř yǐwài, myáusyě ye shřfēn shēngdùng. Dzài Jūnggwo lìshřshang wénsywé gēn lìshř szhū hen nán fēndekāi.   Swóyi Jūnggwo you yijyù lǎuhwà shwō, "wén shř bùfēn" jyòushr jèige yìsz. Džbùde shū swéirán dwōbàn shr gè jésywejyā szyǎng de jìlù, kěshr wénjāng dou syěde shřfēn yōuměi. Kǔngdž shwōgwo jèiyang yijyu hwà "yán jř wú wén, syíng jř bù ywǎn". Gè jésywejyāde szsyǎng jř swóyi néng chwándau jīntyan, kǔngpà jèi ye shr yíge jǔyàude ywányīn. Jřyú jíbùlide dzwòpǐn yísyàng dou gūngrèn shr wénsywé dz-wòpǐn.

Syàndzài yǒu swǒwèi syīn wénsywé he jyòu wénsywé de fēnbye. Shémma shr syīn wénsywé? Shémma shr jyòu wénsywé ne? Yǒuren shwō dzai Wǔszyùndùng yihòu yùng báihwà syě de dou kéyi swàn shr syīn wénsywé. Wǔszyùndùng yǐchyán yùng wényán syě de kéyi swàn shr jyòu wénsywé. Chíshř Jūnggwo wénsywéjūng méiyou shemma syīn wénsywé jyòu wénsywé de fēnbye. Syīn wénsywé jř swóyi syīn, jřshr dzài wénjāngshang yùngde shr báihwà, dzai tǐtsáishang yùngde shr Syīfang wénsywé tǐtsái, dzài nèirúngshang dwōshau shòule sye Syīyáng szsyǎng

de yĭngsyăng.   Swóyi women kéyi jèmma shwō, èrchyān-dwonyán yĭchyan yĭjing
tswūndzài de Jūnggwó wénsywé dzwòpĭn he syàndzài jìsyù budwàn chwăngdzàu
de Jūnggwo wénsywé dzwòpĭn, jŕyàu wénjāng yōuměi, nèirúng chūngshŕ, yŏu
gănching yŏu lĭsyăng bugwăn ta shr lìshŕ háishr jésywé dou shr wénsywé.   Jèi
jyòushr Jūnggwo wénsywé de běnjŕ.

第十七講　中國文學的本質[1]

中國從三千年以前就開始有了一個比較安定的生活，在中國最早的文學作品詩經[2]就可以看得出來。

孔子特別看重詩經[3]。他覺得詩經可以代表中國早期的社會生活。那個時候的社會生活很值得模仿，所以他特別提倡。後來一般人就不知[4]不覺的跟着他的思想發展。這種思想影響了兩千多年來的中國文學。

到了戰國時代人民的思想更自由了。許多思想家都不斷的發表[5]他們對人生的看法[6]。其中老子[7]、莊子[8]的思想在文學上的影響最大。老子、莊子的哲學也就是所謂的道家[9]的哲學，使人離開現實[10]，站在旁觀[11]者的立場觀察自然。這種注重理智[12]同時又注重想像的人生態度顯然和孔子所提倡的不同。

除了孔子老子莊子的思想[13][14]對中國文學有極[16]大的影響以

外，還有佛家思想。以上這三種思想也就是現代所說的儒家思想、道家思想、佛家思想。這三種思想在中國歷史上有的時候某一種很流行，有的時候另外一種很流行。有的時候這三種根本分不開。中國人的人生觀跟中國的文學可以說大部份受這三種思想的影響。

中國的文學作品，不論是韻文或是散文，是寫個人感情的，或是寫社會情形的，作家的心裏往往有一個理想在指導他，一種力量在推動他。這個理想和力量都和上邊所說的三種思想有關係。換句話說也就是作家常常不知不覺的受傳統思想的影響。他們的性格，修養雖然不同，可是一般的說他們在作品中所表現的作風都有相同的特點。這個特點就是又穩重又含蓄。

以上我們指出對中國文學影響最深的三種思想。我們現

在進一步來研究一下在中國幾千年留下來的作品中，甚麼

是文學作品。

按照傳統的分法，中國的作品一向分成「經」「史」「子」「集」四部。經

部包括儒家所選的關於政治、經濟、倫理、哲學幾方面比較重

要的書。史部記載歷史。子部是各哲學家、政治家一生思想的

記錄，集部包括作家自己出版的或是後來的人替他出版的

書。經部的作品，內容比較嚴肅，史部的書注重記載事實，這兩

部的作品很容易讓人誤會，認為他們不是文學作品。可是經

部裏的書除了很嚴肅的講人生道理以外，有些地方文章也

十分優美，史部裏的書除了確實的記載歷史以外，描寫也十

分生動。在中國歷史上文學跟歷史似乎很難分得開，所以中

國有一句老話說：「文史不分」就是這個意思。子部的書雖然多

半是各哲學家思想的記錄，可是文章都寫得十分優美。孔子

說過這樣一句話：「言之無文、行之不遠」。各哲學家的思想之所[49]以能傳到今天，恐怕這也是一個主要的原因。至於集部裏的[50]作品一向都公認是文學作品。[51]

現在有所謂新文學和舊文學的分別。甚麼是新文學甚麼是舊文學呢？有人說在五四運動以前用文言寫的可以算是舊文學其實是新文學，五四運動以前用文言寫的都可以算[52]是舊文學呢？有人說在五四運動以後用白話寫的都可以算是新文學。其實

中國文學中沒有甚麼新文學舊文學的分別。新文學之所以新，只是在文章上用的是白話，在體裁上用的是西方文學體[53]裁，在內容上多少受了些西洋思想的影響。所以我們可以這麼說，二千多年以前已經存在的的中國文學作品和現在繼續不斷創造的中國文學作品，只要文章優美，內容充實，有感情，[54]有理想，不管它是歷史還是哲學都是文學。這就是中國文學的本質。

PROSE

VOCABULARY

1.	Shūjīng	書經	N:	Book of History
2.	Lwúnyǔ	論語	N:	The Analects of Confucius
3.	jìchyǎu	技巧	N:	technique (such as in art or in writing)
4.	jyǔ lìdz	舉例子	VO:	to give an example
4.1	lìdz	例子	N:	an example
5.	dújě	讀者	N:	reader, one who reads
6.	Mèngdz	孟子	N:	Book of Mencius; Mencius (Chinese philosopher and teacher of Confucianism, 372?–289? B.C.)
7.	Sywúndz	荀子	N:	Book of Hsüntzu; Hsün Tzu, Master Hsün (Chinese philosopher, a major expositor of Confucianism during the Warring States Period; 325?–245? B.C.)
8.	Mwòdz	墨子	N:	The Book of Motzu; Mo Ti (the founder of altruistic school; 480?–390? B.C.)
9.	lyóuchàng	流暢	SV:	be fluid (in writing)
10.	shāu	燒	FV:	burn
11.	Jīnwén	今文	N:	Modern Script (Around 90 B.C. there existed in China two sets of Confucian classics, classified according to the script in which they were written; these represented not only two editions but also two schools of interpretation. One school was that of the state doctors founded on oral transmission and recorded in current Han script, known as the school of the Modern Script. The other was based on early written records and circulated among the people and known as the Ancient Script (Gǔwén).— Chinese Literature by Ch'en Shou-yi, p. 78.)

12.	Gǔwén	古文	N:	Ancient Script (see note above)
13.	dwǎnpyān	短篇	AT:	short (piece of writing)
14.	bù	部	M:	set (of books); book (of important literary works)
15.	wěidà	偉大	SV:	be great (such as work of literature or art, person, engineering work)
16.	Sžmǎ Chyān	司馬遷	N:	Szu-ma Chien (the author of the Shih Chi, The Records of the Historian; 145–86? B.C.)
17.	Shřjì	史記	N:	Shih Chi, The Records of the Historian
18.	dāibǎn	呆板	SV:	be dull, flat
19.	syùshù	叙述	FV/N:	narrate/narration
20.	chwānchā	穿挿	FV:	intersperse
21.	dwèihwà	對話	N:	dialogue
22.	rénwù	人物	N:	personage
23.	búsyànyú	不限於	FV:	be not limited to
24.	fánshř . . . dōu	凡是···都		all . . .
25.	chēngdzàn	稱讚	N/FV:	praise, commendation/praise, commend
26.	chwánchí	傳奇	N:	ch'uan ch'i, the 'transmission of the strange' (a type of prose romance in T'ang Dynasty)
27.	Ywánchyǔ	元曲	N:	Yüan drama
28.	títsái	題材	N:	theme
29.	Vyú	V 於		V from, V at, V in, V on

kāishřyu Hwángdi shŕdài
(started from the period of Hwangti)

jyànlìyu Nánjīng
(founded at Nanking)

chénglìyu Míngwó chūnyán
(established in the early years of the Chinese Republic)

| 30. | hwàběn | 話本 | N: | prompt book (used by storytellers during the Sung Dynasty) |
| 31. | Shwōshūde | 說書的 | N: | storyteller |

32.	Shwěihǔjwàn	水滸傳	N: Shui Hu Chuan, The Story of the Water Margin, All Men Are Brothers (by Lo Kuan-chung circa 1364 A.D.)
33.	Sāngwóyǎnyî	三國演義	N: Romance of the Three Kingdoms (by Lo Kuan-chung)
34.	chéngshú	成熟	SV: be mature
35.	syìjyù	戲劇	N: drama
36.	bǎugwèi	寶貴	SV: be precious
37.	džlyàu	資料	N: materials (such as reference books, data)
38.	shéngwài syǎushwōr	神怪小說	N: fantasy
39.	yánchíng syǎushwōr	言情小說	N: love story
40.	Shwōtángjwàn	說唐傳	N: Shuo T'ang Chuan, The Popular History of the T'ang Dynasty (by Lo Kuan-chung)
41.	Syīyóujî	西遊記	N: Hsi Yu Chi, Travels to the Western Regions, The Monkey (by Wu Cheng-en; 1500–1582)
42.	Jīnpíngméi	金瓶梅	N: Chin Ping Mei, Golden Vessel Plum Flower (author unknown)
43.	Húnglóumèng	紅樓夢	N: Hung Lou Meng, Dream of the Red Chamber (by Ts'ao Hsueh-chin; 1719–1763)
44.	Rúlínwàishř	儒林外史	N: Ju Lin Wai Shih, The Informal History of the Forest of Scholars (by Wu Ching-tzu; 1701–1754)
45.	bàugwǎn	報館	N: newspaper office
46.	Shēnbàugwǎn	申報館	N: the Shen Pao (one of the leading newspapers in Shanghai)
47.	chíngjyé	情節	N: synopsis
48.	shāngǎi	刪改	FV: abridge and alter
49.	ywánwén	原文	N: the original text
50.	shōuhwò	收穫	N: accomplishment, achievement (lit. crop)
51.	hwàjyù	話劇	N: play (theatrical)
52.	syǎupǐnwén	小品文	N: familiar essay
53.	syìywàn	戲院	N: theater

54. shàngyăn 上演   FV: stage
55. gwăng   廣   SV: be extensive, broad

DISHRBĀJYĂNG

Jŭnggwode Sănwén he Syăushwōr

Jŭnggwo dzwèi dzău de sănwén dzwòpĭn shr Shūjīng. Shūjīngli yùngde wéndż
hen nán dŭng. Tán jésywé he lwúnlĭ de dzwèi dzău de shu kéyi shwō shr Lwúnyŭ.
Lwúnyúli swo jĭdzăi de dwōbàn dou shr Kŭngdž shwō de hwà, jĭdzăide jìchyău
fēicháng hău. Lăudžde syĕfă he Lwúnyŭde syĕfă hen syāngjìn, yùng de dż syāng-
dāng shău kĕshr yìsz fēicháng shēn. Dàule Jàngwóshŕdài syĕ dž de gūngjyù bĭ-
jyău yĭchyán fāngbyàn, yīntsž sănwénde tĭtsái ye shòudau yĭngsyăng. Yíge yìsz
chángcháng shwōle yòu shwō, jyŭ hĕn dwō de lìdz, ràng dújĕ rúngyi míngbai.
Syàng Jwāngdž, Mèngdž, Syúndž, Mwòdž dōu gèdż yŏu gèdżde syĕfă, érchyĕ dou
syĕde hen shēngdùng hen lyóuchàng.

Chínshŕhwáng yau tŭngyī Jŭnggwode szsyăng, shāule hen dwō de shū. Dàule
Hàncháu yŏuren ba tsúngchyán swŏ bèigwo de shū dōu syĕsyalai, kĕshr syĕchu-
laide gēn dzài Kŭngdž jyāli swŏ fāsyàn de budà yíyàng, yúshŕ hòulaide ren bă
tamen fēncheng Jīnwen gen Gŭwén. Hànchau lyóusyalaide dwănpyān sănwén
bùdwō, kĕshr lyóusyalai yíbù dzwèi wĕidà de lìshŕ dzwòpĭn. Jèibu dzwòpĭn shr
Sžmă Chyán dzwò de Shŕjì.

Shŕjì budàn shr yíbù wĕidàde lìshŕ jĭdzăi, ye shr yíbù wĕidàde wénsywé dz-
wòpĭn. Ta jĭdzăi yíjyàn shŕchíng búshr dāibănde syùshù érshr dzai syùshùjūng
chwānchā bùshăude dwèihwà. Ta swo myáusyĕ de rénwù busyànyu hwángdi he
chéndż he dzai jèngjrshang yŏugwānsyi de ren. Fánshr dzài lìshŕshang dwei
shèhwèi you gùngsyàn hwòshr you yĭngsyăng de ren, chàbudwō dōu bāukwo dzai
lĭtou. Shŕjì de wénjāng dwei Tángchau Sùngchau jiwei yŏumíngde sănwénjyā de
yĭngsyăng dou fēichángde shēn. Hòulái yĭjŕ dau Chīngchau, bùgwăn wényanwénde
tĭtsái jīnggwo dwōshau byànhwà, Shŕjilide wénjāng haishr fēicháng shòu ren
chēngdzàn de wénjāng.

Tángchau swéirán tèbyé jùjùng shŕ, kĕshr dzai sănwén fāngmyan ye you tèbyé-
de gùngsyàn. Jŭnggwode syăushwōr shr tsúng Tángcháu kāishrde.

Tángchauren swŏ dzwò de syăushwōr, dāngshŕ bújyàu syăushwōr, jyàu chwán-
chí. Syĕ de dwōbàn shr syē chígwàide shŕching. Jeisye syăushwōr dwèi hòulaide

wénsywéde fājǎn you hen dà de yǐngsyǎng. Yíge yǐngsyǎng shr jèisye syǎushwōrli de gùshr hen dwō chéngwéi Ywánchyǔlide tǐtsái, lìngwài yíge yǐngsyǎng shr Sùngchau he Míngchau de wényán syǎushwōr dwōshù shr mwófǎng jèisye syǎu-shwōr de tǐtsái syěde.

Jūnggwode báihwà syǎushwōr kāishřyu Nánsùng. Nánsùngde shrhou you yìjǔng yùng báihwà syě de syǎushwōr jyàu hwàběn. Jèijǔng syǎushwōr běnlái jřshr syě-gěi shwōshūde yùngde. Dàule Ywánchau hen dwō ren yùng báihwà syě syǎushwōr. Tamen syě de syǎushwōr bushr jyòu gei shwōshūde yùngde, ér yě shr gei yibān-ren kànde le.

Ywánchau mwònyán chūsyànle lyǎngbù wěidàde báihwà syǎushwōr: yibù shr Shwěihǔjwàn, yíbù shr Sāngwóyǎnyî. Jèi lyǎngbù syǎushwōr myáusyěde jíchyǎu fēicháng chéngshú, gùshrli de nèirúng hòulai chéngwéi Jūnggwo syîjyu bǎugwèide džlyàu.

Míngchaude báihwà syǎushwōrli dzwèi dwō de shr lìshř syǎushwōr, shéngwài syǎushwōr he yánchíng syǎushwōr. Lìshř syǎushwōrli dzwèi yǒumíng de you Shwōtángjwàn, shéngwài syǎushwōrli dzwèi yǒumíng de you Syīyóujî, yánching syǎushwōrli you Jīnpíngméi.

Chǐngchau chūnyán chūbǎnde lyǎngbù dzwèi lyóusyíng de báihwà syǎushwōr: yíbù shr Húnglóumèng, yibù shr Rúlínwàishř. Chǐngchau mwònyan Shànghǎi you yige bàugwǎn jyàu Shēnbàugwǎn, kāishř dzài bàushang dēng fānyî syǎushwōr, yúshř Jūnggwode syǎushwōr jyòu kāishř fāshēng byànhwà le.

Tsúng nèige shrhou chǐ yìjř dau syàndzài, Jūnggwo syǎushwōr de byànhwà kéyi shwō jīnggwo sānge shŕchí: Dìyige shŕchí shr ba Syīyáng syǎushwōrli de chǐngjyé yùng wényanwén syěchulai. Gùshrli yàushr you shemma gen Jūnggwode fēngsú syígwàn buyìyàng de dìfang, fānyîde ren kéyi swéibyàn shāngǎi. Dièrge shŕchí shr Wǔszyùndùng yihòu yùng báihwàwen ànjàu ywánwén yígedž yígedž de lai fān. Desānge shŕchí shr mwófǎng Syīyáng syǎushwōr de tǐtsái he jíchyǎu lai syě.

Jūnggwo wénsywé džtsúng Wǔszyùndùng yǐlái, sǎnwén fāngmyan dzai hén dwǎn de jǐshŕnyán jūng you syàndzài jèmma dwō de hǎu dzwòpǐn, shŕdzài bùnéng shwō búshr yige syāngdāng dà de shōuhwò.

Chúle syàndàide Jūnggwo syǎushwōr he tsúngchyánde Jūnggwo syǎushwōr bùtúng yǐwài, háiyou lyángjung sǎnwén dzwòpǐn he tsúngchyánde bùtúng: yìjǔng shr hwàjyù, yìjǔng shr syǎupǐnwén. Hwàjyù litou méiyou rén chàng, ye méiyou

yīnywè, jyòushr shwōhwà. Jèi he Jūnggwo ywánláide syìjyù hen buyiyàng, keshr
syě hwàjyù de rén ywè lái ywè dwō, syìywànli ye chángcháng shàngyǎn hwàjyù.
Jr̀yú syǎupǐnwén, syàndzài swo yùng de títsái bǐ tsúngchyán gwǎng dwōle.   Jei
syǎnrán shr shòule Syīyáng wénsywé de yǐngsyǎng.

第十八講　中國的散文和小說兒

中國最早的散文作品是書經。書經裏用的文字很難懂。談

哲學和倫理的最早的書可以說是論語。論語裏所記載的多

半都是孔子說的話，記載的技巧非常好。老子的寫法和論語

代寫字的工具比較以前方便，因此散文的體裁也受到影響。

的寫法很相近，用的字相當少可是意思非常深。到了戰國時

一個意思常常說了又說，舉很多的例子，讓讀者容易明白。像

莊子、孟子、荀子、墨子都各自有各自的寫法，而且都寫得很生

動很流暢。

秦始皇要統一中國的思想，燒了很多的書。到了漢朝，有人

把從前所背過的書都寫下來，可是寫出來的跟在孔子家裏

所發現的不大一樣，於是後來的人把它們分成今文跟古文。

漢朝留下來的短篇散文不多，可是留下來一部最偉大的歷

史作品。這部作品是司馬遷作的史記。[16][17]

史記不但是一部偉大的歷史記載，也是一部偉大的文學作品。它記載一件事情不是呆板的敘述而是在敘述中穿插不少的對話。它所描寫的人物，不限於皇帝和臣子和在政治上有關係的人。凡是在歷史上對社會有貢獻或是有影響的人，差不多都包括在裏頭。史記的文章對唐朝宋朝幾位最有名的散文家的影響都非常的深。後來一直到清朝，不管文言文的體裁經過多少變化，史記裏的文章還是非常受人稱讚的文章。[18][19][20][21][22][23][24][25]

唐朝雖然特別注重詩，可是在散文方面也有特別的貢獻。

中國的小說兒是從唐朝開始的。

唐朝人所作的小說，當時不叫小說兒，叫傳奇。寫的多半是些奇怪的事情。這些小說兒對後來的文學的發展有很大的[26]

影響。一個影響是這些小說兒裏的故事很多成為元曲裏的題材，另外一個影響是宋朝和明朝的文言小說兒多數是模仿這些小說兒的體裁寫的。

中國的白話小說兒開始於南宋。南宋的時候有一種用白話寫的小說叫話本。這種小說本本來只是寫給說書的用的。他們寫的小說兒不是就

到了元朝很多人用白話寫小說兒。他們寫的小說兒不是

給說書的用的，而也是給一般人看的了。

元朝末年出現了兩部偉大的白話小說兒：一部是水滸傳，一部是三國演義。這兩部小說兒描寫的技巧非常成熟。故事

裏的內容後來成為中國戲劇寶貴的資料。

明朝的白話小說兒裏最多的是歷史小說兒、神怪小說兒、

和言情小說兒。歷史小說兒裏最有名的有說唐傳，神怪小說

裏最有名的有西遊記，言情小說兒裏有金瓶梅。

清朝初年出版的兩部最流行的白話小說兒：一部是紅樓[43]夢，一部是儒林外史[44]。清朝末年上海有一個報館叫申報館[45]，開始在報上登繙譯小說兒，於是中國的小說兒就開始發生變化了。

從那個時候起一直到現在，中國小說的變化可以說經過三個時期：第一個時期是把西洋小說裏的情節[47]用文言文寫出來。故事裏要是有甚麼跟中國的風俗習慣不一樣的地方，繙譯的人可以隨便刪改[48]。第二個時期是五四運動以後用白話文按照原文[49]一個字一個字的來繙。第三個時期是模仿西洋小說兒的體裁和技巧來寫。

中國文學自從白話文運動以來，散文方面在很短的幾十年中有現在這麼多的好作品，實在不能說不是中國近代文學中相當大的一個收穫[50]。

除了現代的中國小說和從前的中國小說兒不同以外、還
有兩種散文作品和從前的不同。一種是話劇[51]，一種是小品文[52]。
話劇裏頭沒有人唱，也沒有音樂，就是說話；這和中國原來的
戲劇很不一樣。可是寫話劇的人越來越多[53]，戲院裏也常常上[54]
演話劇。至於小品文，現在所用的題材比從前廣[55]多了。這顯然
是受了西洋文學的影響。

VERSE

VOCABULARY

1. "Syí wǒ wǎng yǐ, 昔我往矣， "Long ago, when I marched away,
   yáng lyǒu yī yī, 楊柳依依， the willows were luxuriant; now
   jīn wǒ lái sž, 今我來思， when I come back, the falling
   yǔ sywě fēi fēi." 雨雪霏霏。 snow is thick, . . ." quoted from
   No. 167 'Gathering the Wei
   Plant', Book of Songs

2. yánglyǒu   楊柳   N: willow

3. màushèng   茂盛   SV: be luxuriant

4. wúmíngshřrén   無名詩人   N: anonymous poet

    4.1 shřrén   詩人   N: poet

5. lyóuchwán   留傳   FV: pass down

6. měi   美   SV: be beautiful

7. ràngrén-gǎndùng   讓人感動   SV: be touching, moving

    Jèiben syǎushwōr hen ràngrén-gǎndùng.
   (This novel is very touching.)

    7.1 shòugǎndùng   受感動   SV: be moved

    Wǒ kànwán nèiběn shū hen shòu gǎndùng.
   (I was very much moved after reading that book.)

    7.2 gǎndùng   感動   FV: move, affect with emotion

    Nèige dyànyǐngr gǎndùngle hen dwō rén.
   (That movie moved many people.)

8. nyándài   年代   N: date (historical)

9. chywèdìng   確定   SV: be certain, without a doubt

10. shřsywǎn   詩選   N: anthology of poems

11. dàtǐshang   大體上   A: in the main, in general

12. dzǔngyǒu   總有   there are at least; there always is

13. yǐnyùng   引用   FV: quote

14. wǔyánshř   五言詩   N: five-character verse

15.	chīyánshŕ	七言詩	N: seven-character verse
16.	Lĭ Bái	李白	N: Li Po, Li Tai-po (one of the greatest Chinese poets; 701– 762)
17.	Wáng Wéi	王維	N: Wang Wei (a poet and also a brilliant painter and musician; 701– 761)
18.	Dù Fŭ	杜甫	N: Tu Fu (generally regarded as the greatest poet of China; 712– 770)
19.	Bái Jyūyì	白居易	N: Po Chü-yi (one of the major poets; 772–846)
20.	tsź	詞	N: tzu (lyrics with lines of irregular length)
21.	pèishang	配上	RV: accompany with (such as music)
21.1	pèi	配	FV: accompany with (such as music)
22.	ywèpŭ	樂譜	N: setting, the music composed for a poem, psalm, etc.; musical notes; music book
23.	dyàudz	調子	N: tune
24.	"Hwā fēi hwā, wù fēi wù, yè bàn lái, tyān míng chyù; lái rú chwūn mèng bù dwō shŕ, chyù sž jāu yún wú mĭ chù."	花非花, 霧非霧, 夜半來, 天明去; 來如春夢 不多時, 去似朝雲 無覓處。	"It isn't a flower, it isn't mist, coming at midnight, going at dawn. It comes as a spring dream that lasts not long; and it goes like morning clouds that leave no trace." by Po Jyu-yi
25.	chyŭ	曲	N: chü (lyrics set to tunes)
26.	wénrén	文人	N: literati
27.	yílwòchyānjàng	一落千丈	FV: (lit. to drop 10,000 feet in one fall) decline rapidly
28.	jyùbĕn	劇本	N: script (of a play)
29.	jĭngjr	景緻	N: scenery
30.	rénchíng	人情	N: human feelings; human nature
31.	chyàdang	恰當	SV: be appropriate
32.	wényă	文雅	SV: be elegant
33.	súchì	俗氣	SV: be unrefined
34.	fù	賦	N: fu (a descriptive poetic prose interspersed with verse)
35.	Chŭtsź	楚辭	N: Ch'u tzu (the poetry of the kingdom of Ch'u and poems written in that style)

36.	Lísāu	離騷	N: Li Sao (a poem written by Chü Yüan)
37.	dzwòjě	作者	N: author
38.	Chyū Ywán	屈原	N: Chü Yüan (a noble of the kingdom of Chu, the earliest great Chinese poet 343?–280? B.C.)
39.	pyántǐwén	駢體文	N: balanced prose
40.	byǎudá	表達	FV: express
41.	gùdìng	固定	AT: fixed
42.	gélyù	格律	N: metrical structure
43.	tsźhwèi	詞彙	N: vocabulary
44.	jyùfǎ	句法	N: sentence structure
45.	chūngfèn	充分	A: fully, to the fullest extent
46.	fāngsyàng	方向	N: direction

wàng jèige fāngsyàng fājǎn
(to develop toward this direction)

fājǎnde fāngsyàng
(the direction of the development)

DISHRJYǑUJYǍNG
Jūnggwode Yùnwén

Shŕjīngli you yidwan shŕ: "Syí wo wǎng yǐ, yáng lyǒu yī yī. Jīn wo lai sž, yǔ sywě fēi fēi." Jei jijyu shŕ yùng syàndàide hwà laishwō shr: "Tsúngchyán wo dzǒu de shrhou, yánglyǒu dou jǎngde fēicháng mòushèng. Syàndzài wo hwéilaile, yǐjing shr budwànde syàsywě de shrhou le."

Jei jijyu shŕ shr yíge wúmíngshŕren syěde, yǐjŕ lyóuchwándau syàndzài, nyànchilai de shrhou háishr nèmma měi, nèmma ràngrengǎndùng. Shŕjīngde nyándài swéirán bùshŕfēn chywèdìng, kěshr women jŕdau Shŕjīng shr yíbù Jōucháude shŕsywǎn, Dàtǐshang shwō, chíjūng bāukwòde shŕ lí syàndzài dzǔngyǒu sānchyānnyán dzwǒyǒu.

Shŕjingli sānbǎi-língwǔshǒu shŕ, chúle yíbùfen bútài rúngyi dǔng yǐwài, chíjūng yǒu hěn dwō yōuměide jyùdz shr hòulaide ren swo chángcháng mwófǎng he yǐnyùng de.

Shřjinglide shř dwōbàn shr sžge dz yíjyù de. Dàule Hànchau youren yùng wǔge dž yíjyù dzwòcheng sžjyu, bájyu hwòshr shrjijyu yishǒu de shř jyau wǔyán-shř. Hànchau mwònyan kāishř youle chǐge dž yijyù de shř. Jeijǔng shř jyàu chǐyánshř. Chǐyánshř dzai Tángchau dzwèi lyóusyíng. Lǐ Bái, Wáng Wéi, Dù Fǔ, Bái Jyūyî dou shr Tángchaude shřren.

Chúle shàngbyan swǒ shwō de jijǔng shř de tǐtsái yiwài, you yijǔng yùnwén jyàu tsź. Tsź shr tsúng shřli byànchulaide. Tsź gen shř dzwèi buyiyàng de dìfang shr yǒude jyùdz cháng yǒude jyùdz dwǎn. Wèi shémma yǒude jyùdz cháng yǒude jyùdz dwǎn ne? Tángchaude shrhou hen dwō ren syǐhwan ba shř pèishang yīnywè lai chàng. Jèi shr syān you shř ránhòu you ywèpǔ. Hòulái yǒuren syān ba ywèpǔ dzwòhǎu ránhòu dzwò shř lai pèi ywèpǔ. Ywèpǔli youde dìfang syūyàude dž dwō, yǒude dìfang syūyàude dž shǎu, Yīntsž dzwò shř de ren jřhǎu ànjàu ywèpǔde dyàudz chyu dzwò shř. Jyégwǒ jyòu byànchéng swǒ wèi de 'tsź' le. Yǒu yīnwei dzwòde fāngfa shr syān yǒu ywèpǔ tsái bǎ dž tyánshangchyude, swóyi women bushwō 'dzwòtsź', women shwō 'tyántsź'. Jyǔ yíge lìdz laishwō ba: "Hwā fēi hwā, wù fēi wù, yè bàn lái, tyān míng chyù; lái rú chwūn mèng bù dwō shŕ, chyù sž jāu yún wú mǐ chù." Yǐ tǐtsái lai shwō jèi jyòushr tsź. Tsź dzài Sùng-chaude shrhou dzwèi lyóusyín.

Tsúng tsźli byànhwàchulai de shr chyǔ. Chyu dzài Ywánchau dzwèi lyóu-syíng. Méngguren jànle Jūnggwo yihòu, wénrénde dìwei yílwòchyānjàng. Syǔdwō wénren yúshr ba syīn fàngdzai syǐjyushang, dzwòle hǎusyē fēicháng hau de jyùběn. Jèisyē jyùběn jyou shr Ywánchyǔ.

Ywánchyǔde chángchu shr džran, wúlwùn shr myáusyē jǐngjr, rénchíng dou shŕfen chyàdang; ta yùng de dž buneng shwō bùwényǎ. Swéirán jyāshang sye dāngshŕ yùng de báihwà, kěshr bìng busúchi. Jei jyòushr Ywánchyǔ dzai Jūnggwo wénsywéjūng you ta tèshūde dìwei de ywányīn.

Chúle yǐshàng swo shwō de tǐtsái yǐwài, háiyou sānjǔng tǐtsái shr jŕde shwō-shwode: yǐjǔng shr fù. Fù, jèige tǐtsái shr Syúndž kāishrde. Jèijǔng tǐtsái dàule Hànchau fēicháng lyóusyíng, swóyi women yishwōdau fù jyou shwō Hànfù. Jèi gen women yishwōdau shř jyou shwō Tángshř, yishwōdau tsź jyou shwō Sùngtsź, yi-shwōdau chyǔ jyou shwō Ywánchyǔ yiyàng. Lìngwài yǐjǔng tǐtsái jyàu Chutsź. Chǔtsźli dzwèi youmíng de yìpyān jyàu Lísāu, dzwòjě shr Chyū Ywán. Lísāu yigùng you sānbǎi-chǐshrèrjyù, èrchyan-sžbaidwōge dž, shr Jūnggwo shřlitou dzwèi cháng de yìpyān. Háiyou yǐjǔng tǐtsái shr pyántǐwén. Pyántǐwén shr tsúng fùli byànchulaide.

Wǒmen syàndzài lai jyǎng yijyang Jūnggwode báihwà shř. Wǔsźyùndùng yihòu, syě báihwà shř de ren ywè lái ywè dwō. Shémma shr báihwà shř ne? Jyǎndānde shwō, báihwà shř shr yùng báihwà lai byǎudá gǎnchíng hé sźsyǎng de shř, méiyou gùdìngde gélyù.   Báihwà shř de chángchu shr džran, dwǎnchu shr kěyǐyùng de tsźhwèi budwō.   Džěmma tsái néng bulíkai píngcháng shwō hwà de shrhou swǒ yùng de jyùfǎ, yòu néng tsǎiyùng fēngfùde tsźhwèi, geng chūngfèn lǐyung Jūnggwo yǔyánde tèsyìng syěchu héhū jèige shŕdài swo syūyàu de dzwòpǐn, dagài shr Jūnggwo báihwà shř yihòu fājǎnde fāngsyàng.

第十九講 中國的韻文

詩經裏有一段詩：[1]「昔我往矣，楊柳依依。今我來思，雨雪霏霏」。

這幾句詩用現代的話來說是：「從前我走的時候，[2]楊柳都長得

非常茂盛。[3]現在我回來了，已經是不斷的下雪的時候了。」

這幾句詩是一個無名詩人[4]寫的，一直留傳[5]到現在，念起來

的時候還是那麼美，[6]那麼讓人感動。[7]詩經的年代[8]雖然不十分

確定，[9]可是我們知道詩經是一部周朝的詩選。[10]大體[11]上說，其中

包括的詩離現在總[12]有三千年左右。

詩經裏三百零五首詩，除了一部份不太容易懂以外，其中

有很多優美的句子，是後來的人所常常模仿和引用[13]的。

詩經裏的詩多半是四個字一句的。到了漢朝有人用五個

字一句作成四句、八句、或是十幾句一首的詩叫五言詩。[14]漢朝

末年開始有了七個字一句的詩。這種詩叫七言詩。[15]七言詩在

唐朝最流行。李白[16]、王維[17]、杜甫[18]、白居易[19]都是唐朝的詩人。

除了上邊所說的幾種詩的體裁以外，有一種韻文叫詞[20]。詞是從詩裏變化出來的，詞跟詩最不一樣的地方是有的句子長，有的句子短。爲甚麼有的句子長有的句子短呢，唐朝的時候很多人喜歡把詩配[21]上音樂來唱，這是先有詩然後有樂譜[22]。來有人先把樂譜作好然後作詩來配樂譜，樂譜裏有的地方需要的字多，有的地方需要的字少，因此作詩的人只好按照着樂譜的調子[23]去作詩。結果就變成所謂的「詞」了。又因爲作的方法是先有樂譜才把字填上去的，所以我們不說「作詞」，我們說「塡詞」。舉一個例子來說吧，「花非花[24]，霧非霧，夜半來，天明去……」來如春夢不多時，去似朝雲無覓處」。以體裁來說這就是詞。詞在宋朝的時候最流行。

從詞裏變化出來的是曲[25]。曲在元朝最流行。蒙古人佔了中國以後，文人的地位一落千丈。許多文人於是把心放在戲劇上，作了好些非常好的劇本。這些劇本就是元曲。

元曲的長處是自然無論是描寫景緻、人情、都十分恰當，它用的字不能說不文雅。雖然加上些當時用的白話，可是也並不俗氣。這就是元曲在中國文學中有它特殊的地位的原因。

除了以上所說的體裁以外，還有三種體裁是值得說說的：

一種是賦，賦、這個體裁是荀子開始的，這種體裁到了漢朝非常流行。所以我們一說到賦就說漢賦這跟我們一說到詩就說唐詩，一說到詞就說宋詞，一說到曲就說元曲一樣。另外一種體裁叫楚辭。楚辭裏最有名的一篇叫離騷，作者是屈原。離騷一共有三百七十二句，二千四百多個字，是中國韻詩中最長的一篇。還有一種體裁是駢體文。駢體文是從賦裏變出來的。

我們現在來講一講中國的白話詩。五四運動以後，寫白話詩的人越來越多。甚麼是白話詩呢？簡單的說：白話詩是用白話來表達感情和思想的詩，沒有固[41]定的格律[42]。白話詩的長處是自然，短處是可以用的詞彙不多[43]。怎麼才能不離開平常說話的時候所用的句[44]法，又能採用豐富的詞彙，更充[45]份利用中國語言的特性，寫出合乎這個時代所需要的作品，這大概是中國白話詩以後發展的方[46]向。

Lecture 20

PHILOSOPHY

VOCABULARY

1.	chywèshŕ	確實	SV: accurate and true
2.	bēngkwèi	崩潰	FV/N: collapse (such as a regime or the like)/collapse
3.	hēiàn	黑暗	SV: be corrupt (such as government, society); dark
4.	jywésyīn	決心	A/N: determine/determination
5.	jyǎngsywé	講學	VO: give lectures
6.	jyòu	救	FV: save, rescue
7.	jr̀ywàn	志願	N: ambition, goal of life
8.	yàu	要	A: ought
9.	tszái	慈愛	SV: be kind (parental kindness)
10.	yǒuài	友愛	SV: be affectionate (between friends or brothers)
11.	gūngjìng	恭敬	SV/FV: be respectful, deferential/respect
12.	shwùntsúng	順從	SV/FV: be obedient, complying/follow the wish of other people
13.	tyānsyàwéigūng	天下爲公	the world is a commonwealth
14.	dàtúngshr̀jyè	大同世界	N: Utopia (a world where harmony and equality prevail)
15.	lǐyì	禮義	N: decorum
16.	yóuyú . . .	由於	on account of . . . , arising from . . .
17.	shèngren	聖人	N: sage
18.	tsúngshr̀	從事	FV: devote oneself to
19.	chēng . . . wéi . . .	稱…爲	name (or call) . . . (as) . . .
20.	wànshr̀shr̄byǎu	萬世師表	N: the model teacher of all generations
21.	túngyi(ge)- shŕchī	同一(個)時期	be of the same period
22.	jyānài	兼愛	N: love without distinction
23.	pàibyé	派別	N: school, faction

23.1	pài	派	M:	school, faction
24.	džránjǔyǐ	自然主義	N:	naturalism
25.	fǎlyù	法律	N:	law
26.	gānshè	干涉	FV:	interfere
27.	džránfǎdzé	自然法則	N:	law of nature
28.	shwùnje	順着	CV:	follow, in accordance with
29.	Dàu	道	N:	The Way, The Truth
30.	Fǎjyā	法家	N:	Legalists
31.	Hánfēidž	韓非子	N:	Han Fei Tzu (a Chinese philosopher of the third century B.C.)
32.	jr̀lǐ	治理	FV:	rule, administer
33.	wéiyī	唯一	AT:	the only
34.	jřlyóu	支流	N:	branch (of a school of thought); tributary
35.	shòujùngshr̀	受重視	SV:	be regarded with esteem
35.1	jùngshr̀	重視	FV:	regard with esteem
36.	dìngwéi	定爲	FV:	prescribe as
37.	jèngtǔng	正統	AT:	orthodox
38.	Sz̀shū	四書	N:	The Four Books (The Great Learning, 大學 Doctrine of the Mean, 中庸 Confucian Analects, 論語 Mencius 孟子)
39.	Wǔjīng	五經	N:	The Five Canons, The Five Classics (The Book of Odes, 詩經 The Book of History, 書經 The Book of Changes, 易經 The Book of Rites, 禮記 The Spring and Autumn Annals 春秋)
40.	bìsyū	必須	A:	must, ought
41.	jīngdyǎn	經典	N:	the classics
42.	syīshōu	吸收	FV:	absorb
43.	wàilái	外來	AT:	foreign, come from outside
44.	jīngshénbúmyè	‘精神不滅’	N:	the immortality of the spirit (or soul)
45.	tsźbēi	慈悲	N:	mercy
46.	wùjrwénmíng	物質文明	N:	material civilization

47. "Jūng sywé wéi   中學爲體,   "to preserve Chinese philosoph-
    tǐ, syī sywé wéi   西學爲用"   ical ideas and adopt Western
    yùng."   scientific knowledge and tech-
                                      nology"

48. fúsyīng   復興   FV/N: revive/revival

49. wéi . . . swǒ . . . 爲⋯所⋯   is . . . by . . .
    (N)   (V)   (N) (V)   (V)   (N)

                                      Jèijǔng fāngfa yǐjing wéi gèsywé-
                                      syàu swǒ tsǎiyùng.
                                      (This method has been adopted
                                      by every school.)

50. jyēshòu   接受   FV: accept

51. mùchyán   目前   MA: at present

52. cháulyóu   潮流   N: trend

DIÈRSHRJYĂNG
Jūnggwo Sžsyǎng

Jūnggwo shr yíge lìshǐ chángjyǒu de gwójyā. Jūnggwo wénhwà ye shr shřjyè-
shang dzwèi lǎu de wénhwà jřyī. Dànshr dzǎuchīde Jūnggwo wénhwà bìng méiyou
chywèshŕde jìlù.   Swóyi women yàu yánjyou Jūnggwode sžsyǎng jř néng tsúng
Chwūnchyōu Jàngwó shŕdài kāishř.

Chwūnchyōu Jàngwó Shŕdài dzwèi wěidà de sžsyǎngjyā jyòu shr Kǔngdž. Nèige
shrhou fēngjyàn jřdù jèngdzài bēngkwèi, jèngjř hēiàn, shèhwèi buāndìng, lǎubǎi-
syìngde shēnghwo fēicháng kǔ. Kǔngdž kàndàu jèijǔng chíngsyíng, jywésyīn yàu
yùng jyǎngsywéde fāngfa lai wánchéng ta jyòu ren jyòu shřjyè de jřywàn.   Ta
chyánhòu jyāugwo de sywésheng you sānchyandwo ren.

Kǔngdžde sywéshwō dzai lwúnlǐ fāngmyan, jǔjāng jyūnjǔ dwei chéndz yau yǒu
lǐmau, chéndz dwei jyūnjǔ yau jūngsyīn. Fùchin dwèi érdz yau tsžài, érdz dwèi
fùchin yau syàushwun; syūngdì jřjyān, gēge dwèi dìdi yàu yǒuài, dìdi dwei gēge
yau gūngjing; fūfù jřjyān, syānsheng dwei tàitai yàu héchi, tàitai dwei syānsheng
yau shwùntsúng; péngyou jřjyān yau you syìnyung. Kǔngdžde jèngjr lǐsyǎng shr
tyānsyàwéigūngde dàtúngshřjyè.   Yàu shŕsyàn tade lǐsyǎng, ta rènwei fēi yùng
lǐyǐ lai jyàuyu rénmín bùkě. Yóuyu tade sywéshwō dzai lwúnlǐ-dàudéshangde
gùngsyàn, rénmen jyàu ta Shèngren. Yóuyú ta tsúngshř jyàuyu de jīngshen,
rénmen chēng ta wéi Wànshřshŕbyǎu.

Hé kŭngdž túngyígeshŕchī de lìngwài yíwèi dà szsyăngjyā jyòu shr Mwòdž. Mwòdž tíchàng píngděng, jyānài.   Wèile jyòu byéren shémma kŭ dōu kéyi chŕ. Túngshŕ ye făndwèi jànjēng.

Chwūnchyōu Jàngwó shŕdài lìngwài yíge pàibyé shr Dàujyā. Dàujyāde dàibyău rénwù shr Lăudž he Jwāngdž. Dàujyā jŭjāng dzŕránjŭyî, făndwèi jèngfŭ yùng fălyù gānshè rénmín. Tamen rènwei shŕjyèshangde shŕching dou you yíge dzŕránfădzé. Rén yīnggāi shwùnje dzŕrán shēnghwó.   Jèijŭng dzŕránfădzé jyòushr tamen swŏ wèi de Dàu, ye jyòushr Dàujyā jèige míngdzde láiywán.

Dzai túngyígeshŕchī háiyou yíge jùngyàude szsyăng, jyòushr Făjyāde szsyăng. Făjyāde lĭngsyòu shr Hánfēidž. Ta rènwei fălyù shr jŕlĭ shèhwèi de wéiyī gūng-jyù.

Yĭshàng swŏ shwō de shr Jūnggwo szsyăng de szge jībĕn pàibyé. Tsúng Chwūnchyōu Jàngwó kāishŕ yĭjŕ lyóuchwánsyalai, hòulái yòu yănbyànchu syŭdwō jŕlyóu, chănshēngle hen dwō syīnde sywéshwō he wĕidàde szsyăngjyā. Jei szjŭng jīben szsyăng, yŏude shrhou jèijŭng szsyăng shòu jùngshŕ, yóude shrhou nèijung szsyăng shòu jùngshŕ. Búgwò Rújyā szsyăng dztsúng Hànwŭdìde shŕchī chĭ, jyou bèi jèngfŭ dìngwéi jèngtŭng szsyăng. Jèngfŭ búdàn kāishŕ jì Kŭngdž, érchyĕ ba Rújyāde Szshū, Wŭjīng dāngdzwò rénmín bìsyū nyàn de jīngdyăn. Hànchau yihòu hen dwō cháudai ye shr yíyàng. Yĭjŕ dau syàndzài jèijŭng dzwūnjìng Kŭngdž de szsyăng réngran tswúndzài.

Jūnggwo chúle jèi jige jībĕnde szsyăng yiwài, hái budwànde syīshōu wàiláide szsyăng. Syīhànshŕdai Fwójyàu chwándau Jūnggwo. Fwójyàude jīngshén bumyè, tsźbēi, píngděng de jŭjāng hé Jūnggwo chwántŭng szsyăng hen syāngjìn. Swóyi Fwójyàu dzai Jūnggwo ye shr yìjŭng hen lyóusyíng de szsyăng he dzūngjyàu. Hwéijyàu shr Swéi-Táng shrdai chwándau Jūnggwo de.   Míngchau mwònyan he Chīngchau mwònyan Tyānjŭjyàu he Jīdūjyàu jèngshr chwándau Jūnggwo lai.

Dàule shŕjyŏushr̀ji hòuchī, Syīyángde wùjrwénmíng dwei Jūnggwo jèngjr he shèhwèi kāishŕ fāshēng jŕjyēde yĭngsyăng. Dāngshŕde Jūnggwo jŕshrfèndž, youren tíchàng "Júng sywé wéi tĭ, Syī sywé wéi yùng", jyòushr yùng Jūnggwo ywánláide wénhwà dzwò jīchŭ, yùng Syīfāngde wùjrwénmíng dzwò gūngjyù lai fúsyīng Jūnggwó.

Yĭjyŏuyījyŏunyan Wŭszyùndùng yihòu, Syīfāngde kēsywé he mínjŭ szsyăng jèngshŕ wéi Jūnggwo jŕshrfèndž swŏ jyēshòu.   Túngshŕ Syīfāngde wénsywé, jé-sywé, shèhwèi kēsywé, yìshu, ye dou kāishŕ dàlyàngde chwándau Jūnggwo lái.

Shr̀jyè yŭngywǎn dzài byàn, Jūnggwo ye yŭngywǎn dzai byàn. Jūnggwode wénhwà dz̀rán yě búhwèi tíngdzai mùchyánde jyēdwàn. Dzai jèiben shūli women ba Jūnggwo wénhwà dzwòle yíge jyǎndānde jyèshàu. Rúgwŏ kéyi bāngju yùng jèi-ben shū de ren, gēnje jèige yŭngywǎn dzai byànhwàjūng de cháulyóu jǐsyù yánjyou Jūnggwode wénhwà, nà women jeiběn shū de mùdi jyòu swàn dádàule.

第二十講　中國思想

中國是一個歷史長久的國家。中國文化也是世界上最老的文化之一。但是早期的中國文化並沒有確實的記錄[1]。所以我們要研究中國的思想只能從春秋戰國時代開始。

春秋戰國時候最偉大的思想家就是孔子。那個時候封建制度正在崩潰[2]，政治黑暗[3]，社會不安定，老百姓的生活非常苦。

孔子看到這種情形[4]，決心要用講學的方法[5]來完成他救人救[6]

世界的志願[7]。他前後教過的學生有三千多人。

孔子的學說在倫理方面他主張君主對臣子要有禮貌[8]，臣子對君主要忠心[9]；父親對兒子要慈愛[9]，兒子對父親要孝順[9]；兄

弟之間，哥哥對弟弟要友愛[10]，弟弟對哥哥要恭敬[11]；夫婦之間先生對太太要和氣，太太對先生要順從[12]；朋友之間要有信用。孔

子的政治理想是天下爲公的[13]大同世界[14]。要實現他的理想，他

認為非用禮義來教育人民不可[15]。由於他的學說在倫理道德上的貢獻，人們叫他聖人[17]；由於他從事教育的精神[18]，人們稱他[19]為「萬世師表[20]」。

和孔子[21]同一個時期的另外一位大思想家就是墨子。墨子提倡平等兼愛[22]。為了救別人甚麼苦都可以吃。同時也反對戰爭。

春秋戰國時代另外一個派別[23]是道家。道家的代表人物是老子和莊子。道家主張自然[24]主義，反對政府用法律[25]干涉人民[26]。他們認為世界上的事情都有一個自然[27]法則，人應該順着[28]自然生活。這種自然法則，就是他們所謂的道[29]也就是道家這個名子的來源。

在同一個時期還有一個重要的思想，就是法家[30]的思想法家的領袖是韓非子[31]。他認為法律是治理[32]社會的唯一[33]工具。

以上所說的是中國思想的四個基本派別。從春秋戰國開始，一直留傳下來，後來又演變出許多支流，產生了很多新的學說和偉大的思想家。這四種基本思想，有的時候這種思想受重視，有的時候那種思想受重視。不過儒家思想自從漢武帝的時期起，就被政府定爲正統思想。政府不但開始祭孔子，而且把儒家的四書[38]五經[39]當作人民必須念的經典[41]。漢朝以後很多朝代也是一樣，一直到現在這種尊敬孔子的思想仍然存在。

中國除了這幾個基本的思想以外，還不斷的吸收[42]外來[43]的思想。西漢時代佛教傳到中國佛教的精神[44]不滅慈悲[45]平等的主張和中國傳統思想很相近所以佛教在中國也是一種很流行的思想和宗教。回教是隋唐時代傳到中國的。明朝末年清朝末年天主教和基督教也都正式傳到中國來。

到了十九世紀後期，西洋的物質文明[46]對中國政治和社會開始發生直接的影響。當時的中國知識份子，有人提倡「中學爲體，西學爲用」，就是用中國原來的文化作基礎，用西方的物質文明作工具來復興[48]中國。

一九一九年五四運動以後，西方的科學和民主思想正式爲中國知識份子所接受[50]。同時西方的文學、哲學、社會科學、藝術也都開始大量的傳到中國來。

世界永遠在變，中國也永遠在變。中國的文化自然也不會停在目前的階段。在這本書裏我們把中國文化作了一個簡單的介紹。如果可以幫助用這本書的人，跟着這個永遠在變化中的潮流繼續研究[52]中國的文化，那我們這本書的目的就算達到了。

VOCABULARY

				Lesson
ài	愛	N:	affection	14
āndìng	安定	SV:	be peaceful and settled	5
ànjàu	按照	CV:	according to	6
ānjyūlèyè	安居樂業	PH:	to live in peace and be content with one's occupation	10

B

Bái Jyūyì	白居易	N:	Po Chü-yi (one of the major Chinese poets; A.D. 772-846)	19
báihwàwén (M:pyān)	白話文 (M:篇)	N:	writings in the vernacular	16
bàugwǎn	報舘	N:	newspaper office	18
bǎugwèi	寶貴	SV:	be precious	18
bǎuhù	保護	FV/N:	protect/protection	13
bàujǐ	報紙	N:	newspaper	16
bāukwò	包括	FV:	include	3
bǎulyóu	保留	FV:	preserve, keep	14
bāuwéi	包圍	FV:	surround, encircle	3
bèi	被	CV:	by (indicates that the main verb is in the passive voice)	3
Běifá	北伐	N:	the Northern Expedition (1926-1928)	8
Běijīngrén	'北京人'	N:	Peking Man (a type of primitive man of about 475,000 B.C. whose fossil remains were found near Peking, China, in 1929.)	1
běnbù	本部	N:	proper, the principal part of a nation	2
bēngkwèi	崩潰	FV/N:	collapse (such as a regime or the like)/collapse	20
běnjŕ	本質	N:	essence, intrinsic quality	17

běnshēn	本身	N:	itself	15
bìng	並	A:	actually, really, indeed (before a negative)	3
bīntsź	賓詞	N:	object (grammatical term)	15
bìsyū	必須	A:	must, ought	20
bǐtsž	彼此	A:	mutually, . . . each other	1
bù	步	M:	step	12
bù	部	M/BF:	category/category (such as classification of books)	17
bù	部	M:	set (of books); book (of important literary works)	18
búdàudé	不道德	SV:	be immoral	6
búdwànde	不斷的	A:	constantly, incessantly	7
bùdzòu	步驟	N:	steps (used figuratively)	12
bùfen	部分	M:	portion, part	10
bùhwèi	部會	N:	ministries and committees	9
bùjřbùjywéde	不知不覺的	A:	unconsciously, unknowingly	17
bǔjyòu	補救	FV:	remedy	15
bùkěshōushr	不可收拾	AT:	irremediable	11
búshr . . . érshř	不是⋯而是		it is not . . . , but it is . . .	14
búsyànyú	不限於	FV:	be not limited to	18
búsyìng	不幸	MA:	unfortunately	8
búwàihu . . .	不外乎		none other than, nothing but, only	13
Bwōsž	波斯	PW:	Persia	5
byàn	變	FV:	change	6
byànchéng	變成	FV:	become, change into, transform into	1
byàndùng	變動	FV/N:	change, shift, upheaval	6
byànfǎ	變法	VO:	reform (political)	10
byànhwà	變化	N:	change	9
byānjyāng	邊疆	PW:	border region	3
byànláibyànchyù	變來變去	PH:	be in a state of flux, change back and forth	6

byăudá	表達	FV:	express	19
byāujwŭn	標準	N:	standard	15
byăushr̀	表示	FV/N:	indicate; express/indication	16
byăusyàn	表現		reveal, manifest/manifestation	17

C

chà	差	SV:	be inferior (seldom used alone)	11
Chángjyāng	長江	N:	Yangtze River	1
chángjyŏu	長久	SV:	be long (in time)	1
chănshēng	產生	FV/N:	bring into existence/birth, coming into existence	4
cháu	朝	M:	dynasty	1
cháudài	朝代	N:	a dynasty	5
chāugwò	超過	FV:	exceed, surpass	12
cháulyóu	潮流	N:	trend	20
chāupyàu	鈔票	N:	notes, paper money	11
chĕdĭ	澈底	A/SV:	thoroughly/thorough	11
chéndž	臣子	N:	official (of a Monarch)	6
chēng . . . wéi . . .	稱···爲···		name (or call) . . . (as)	20
chēngdzàn	稱讚	N/FV:	praise, commendation/praise, commend	18
chénggūng	成功	SV/FV:	successful/succeed	5
chéngji	成績	N:	achievement	12
chéngjì	承繼	FV:	inherit	13
chéngjìsyāngyān	承繼香烟	PH:	carry on the family line	13
chénglì	成立	FV:	establish	5
chéngshr̀	城市	N:	city, municipality	14
chéngshú	成熟	SV:	be mature	18
chéngsyàng	丞相	N:	prime minister (ancient Chinese title)	6
chéngwéi	成爲	FV:	become	9
chènje	趁着	CV:	take advantage of	11

chíjūng	其中		in which, in that (as an adjunct, with an antecedent previously stated)	3
Chín-Hàn	秦漢	N:	Ch'in (Dynasty) and Han (Dynasty)	7
chīnchi	親戚	N:	relative	13
Chíncháu	秦朝	N:	Ch'in Dynasty (221–206 B.C.)	4
chīnfàn	侵犯	FV:	encroach, infringe	5
'chīng'dż	'青'字	N:	character 'chīng' (青 blue)	16
'chíng'dż	'晴'字	N:	character 'ching' (晴 , clear, not cloudy)	16
Chīngcháu	清朝	N:	Ch'ing Dynasty, the Manchu Dynasty (A.D. 1644–1912)	5
chīnggūngyè	輕工業	N:	light industry	11
chíngjyé	情節	N:	synopsis	18
chīngswàn	清算	FV:	liquidate	9
chīnlywè	侵略	FV/N:	encroach upon; invade/invasion	7
Chínshřhwáng	秦始皇	N:	Ch'in Shih Huang (the first emperor of the Ch'in Dynasty, who reigned from 221–209 B.C.)	16
chítā	其他	AT:	other	1
chítāde	其他的	N:	others, the rest (either use as the subject or transposed object)	1
chíyánshř	七言詩	N:	seven-character verse	19
chíyúde	其餘的	N:	the remaining, the rest	11
chǐywán	起源	N:	origin, the beginning	16
chōusyàng	抽象	SV:	be abstract	16
chūbǎn	出版	FV:	publish	16
chūfādyǎn	出發點	N:	starting point	13
chūkǒu	出口	FV/N:	export/export	12
chúngbài	崇拜	FV:	worship, esteem	6
chūngfèn	充分	A:	fully, to the fullest extent	19
chūngshř	充實	SV:	be substantial, solid	17

chúngsyīn	重新	A:	anew	6
chūngtu	衝突	N:	conflict	6
chūnyán	初年	N:	in the beginning years (of a dynasty or regime)	9
chūsyàn	出現	FV/N:	appear/appearing	4
Chŭtsź	楚辭	N:	Ch'u tzu (the poetry of the kingdom of Ch'u and poems written in that style)	19
chwānchā	穿插	FV:	intersperse	18
chwánchí	傳奇	N:	ch'uan ch'i, the 'transmission of the strange' (a type of prose romance in T'ang Dynasty)	18
chwăngdzàu	創造	FV/N:	create/creation	16
chwánshwō	傳說	N:	legend	4
chwántŭng	傳統	N:	tradition	6
Chwūnchyōu	春秋	N:	Ch'un Ch'iu, Spring and Autumn Annals	4
Chwūnchyōushŕdài	春秋時代	TW:	Spring and Autumn Period (722–481 B.C.)	4
chyŭ	曲	N:	chü (lyrics set to tunes)	19
chyàdang	恰當	SV:	be appropriate	19
chyàn	欠	FV:	owe	12
chyáng	強	SV:	be strong, powerful	3
chyăngpwò	強迫	FV:	force, compel	7
chyángshèng	強盛	SV:	be powerful and flourishing (as a nation)	5
chyántú	前途	N:	future (of a person, country, etc.)	13
chyū	區	M/BF:	area	2
V_1 (O) chyù V_2 (O)	V_1(O) 去V_2(O)		V_1(O) in order to V_2(O) (cf. V_1(O) lái V_2(O))	10
Chyū Ywán	屈原	N:	Chü Yüan (a noble of the kingdom of Ch'u, the earliest great Chinese poet 343?–280? B.C.)	19
chyūbyé	區別	N:	difference	16
chyùshēng	去聲	N:	going or falling tone	15

chyūshr̀	趨勢	N:	tendency	15
chyŭsyāu	取消	FV:	eliminate, abolish	8
chywán	權	N:	power, authority	7
chywán	全	SV/A:	be complete, whole, entire /entirely, all	1
Chywánfěijr̄lwàn	拳匪之亂	N:	Boxer Uprising (A.D. 1900)	5
Chywángwórénmín- dàibyăudàhwèi	全國人民 代表大會	N:	National People's Congress	9
chywánli	權力	N:	power, authority	6
chywèdìng	確定	SV:	certain, without a doubt	19
chywēfá	缺乏	FV/N:	lack, be short of/lack, shortage	11
chywèshŕ	確實	SV:	accurate and true	20

D

dă jīchŭ	打基礎	VO:	to lay a foundation	4
dă jyé	打結	VO:	tie a knot	16
dăbài	打敗	RV:	defeat; be defeated	3
dàdàsyăusyău	大大小小	AT:	large and small, of all sizes	3
dádàu	達到	FV:	attain, reach	8
dădău	打倒	RV:	overthrow, knock down	8
dàdòu	大豆	N:	soybean	3
dàdwōshù	大多數	N:	the great majority	13
dàdżrán	大自然	N:	nature	6
dàgwēimwó	大規模	AT/A:	large scale	9
dāibăn	呆板	SV:	be dull, flat	18
dàibyău	代表	FV/N:	represent/representative; representation	9
dàitì	代替	FV:	substitute	16
dăkāi	打開	RV:	break up (a deadlock)	9
dàlù	大陸	PW:	the mainland	3
dàlùsyìng	大陸性	AT:	continental (usually followed by 'chìhòu' 氣候)	2
dàlyàng	大量	A:	in large quantity	11
dăng	黨	M/N:	party (political)	8

dàngdzwò	當作	FV:	consider as	15
dǎnggànbù	黨幹部	N:	cadre of a party	14
dāngshŕ	當時	TW:	at that time	6
dànshr	但是	A:	but, however	6
dānwèi	單位	N:	unit	10
dānyīn	單音	AT:	monosyllabic	15
dàtǐshang	大體上	A:	in the main, in general	19
dàtúngshŕjyè	大同世界	N:	Utopia (a world where harmony and equality prevail)	20
dàtúngsyǎuyì	大同小異	PH:	not very different, for the most part alike	15
dǎu	島	N:	island	3
Dàu	道	N:	The Way, The Truth	20
dàu . . . (wei) jŕ	到…(為)止		until . . . ; be ended on	12
dàudá	到達	FV:	reach, arrive	5
dàudé	道德	N:	morality	6
Dàujyā	道家	N:	Taoists	17
dǎyíng	打贏	RV:	win	4
dàywē	大約	A:	approximately, generally	15
défǎ	得法	SV:	be skillful, to have the knack of doing a thing	11
. . . děngděng . . .	…等等	BF:	and others; and other . . . , etc.	3
dì	地	N:	earth	4
dìbù	地步	N:	state, condition	11
dìchyū	地區	N:	area, district	3
Dìèrtsž Shŕjyèdàjàn	第二次世界大戰	N:	World War II	2
dìjǔ	地主	N:	landlord	9
dǐkàng	抵抗	FV/N:	resist/resistance	7
dìmyàn	地面	N:	surface of the ground	4
dìng tyáuywē	訂條約	VO:	conclude a treaty	8
dìngwéi	定為	FV:	prescribe as	20
dìsyíng	地形	N:	topography	2
dìwéi	地位	N:	position	6
dòujēng	鬥爭	N:	struggle	14

Dù Fŭ	杜甫	N:	Tu Fu (generally regarded as the greatest poet of China; A.D. 712–770)	19
dújĕ	讀者	N:	reader, one who reads	18
dúlî	獨立	AT/FV:	independent/to be independent	8
Dūngbĕi	東北	PW:	Manchuria	3
Dūngjōu	東周	N:	Eastern Chou, late Chou (770–256 B.C.)	4
Dūngyă	東亞	PW:	East Asia	15
dùngyáu	動搖	FV:	waver (abstract)	6
dwàn	段	N:	section; paragraph	2
dwănpyān	短篇	AT:	short (piece of writing)	18
dwèi	隊	M/BF:	group/unit, group	14
dwèihwà	對話	N:	dialogue	18
dwōdàu . . .	多到…		as many as . . . (a certain amount)	13
dwōyúde	多餘的	N:	surplus	12
dwōshù	多數	N:	the majority	13
dyăn	點	M:	point	4
dyàuchá	調查	N/FV:	investigation; survey/investigate; survey	10
dyàudz	調子	N:	tune	19
dž	字	N:	a written character, ideograph	15
dzāi	災	BF:	disaster	2
dzài gwójîshàng de	在國際上的		international	8
dzài . . . jīrchyán	在…之前		before . . .	14
dzai . . . jīrsyà	在…之下		under	8
dzài . . . jūng	在…中		in; in the midst of, in the process of	4
dzài V. (ne)	在…(呢)		V-ing	17
(dzài) . . . shàng	在…上		in the field of; as far as . . . is concerned	3
dzàu	造	FV:	build, manufacture	1
dzàuchéng	造成	FV:	make, create	6

dzăuchī	早期	N: early period	6
dzăuhwūn	早婚	AT: early marriage	13
dżchǎnjyēji	資産階級	N: capitalist class, bourgeois	14
dzēngjyā	增加	FV/N: increase/increase	11
dzérèn	責任	N: responsibility	4
dżjídżdzú	自給自足	PH: self-sufficient	12
dżlì	自立	FV: be independent (financially or economically)	12
dżlyàu	資料	N: materials (such as reference books, data)	18
dżmŭ	字母	N: alphabet	16
dżránfǎdzé	自然法則	N: law of nature	20
dżránjŭyî	自然主義	N: naturalism	20
dżswūn	子孫	N: descendants	4
(dż)tsúng . . . yĭlái	(自)從⋯以來	since . . . , from . . . till now	11
'dzū, yūng, dyàu'	'租,庸,調'	N: 'land tax, corvée or tax paid to exempt one from a corvée, and duty on native products'	10
dzú	族	M: tribe, race	1
dzŭfù	祖父	N: grandfather	13
dzŭfùmŭ	祖父母	N: grandparents	13
dzŭjĭ	阻止	FV: hinder, obstruct	11
dzŭmŭ	祖母	N: grandmother	13
dzŭngéryánjĭ	總而言之	PH: to sum it up	14
dzŭngjŕ	總值	N: the total value	12
dzŭngtŭng	總統	N: president (of a country)	8
dzŭngyŏu	總有	A: there are at least; there always is	19
dzŭsyān	祖先	N: ancestor	1
dzwèigāudyǎn	最高點	N: top, highest point	4
dzwèihòu	最後	MA: finally, at last	4
dzwèijìn	最近	TW/AT: recently/most recent	1
dzwò	作	FV: be, (act) as	7
dzwòchū(lai)	作出(來)	RV: make, create	6

dzwòfēng	作風	N:	style (such as in literature or art); way of doing things	17
dzwò gūng	作工	VO:	work (manual)	7
dzwò gwān	作官	VO:	to serve in government as an official, to be a government official	13
dzwòjě	作者	N:	author	19
dzwòjǔ	作主	FV:	make a decision	13
dzwòjyā	作家	N:	writer	17
dzwòpǐn	作品	N:	work (such as in literature or art)	16
dzwòwéi	作爲	FV:	(to treat) as	10
. . . dzwǒyòu	…左右		about, approximately	1
dzwòyung	作用	N:	function; effect (when used with 'fāshēng' 發生)	15
dzwūnjìng	尊敬	FV/N:	respect/respect	13
dzwūnshǒu	遵守	FV:	observe, keep	6
džyīn	子音	N:	consonant	15
džyóu	自由	SV/N:	be free/freedom	9
džyóujyéhwūn	自由結婚	N:	free marriage	14

E

| Èrwàn-wǔchyānlǐ Chángjēng | 二萬五千里 長征 | N: | the Long March of 25,000 li | 9 |

F

fā	發	FV:	issue	11
fābyǎu	發表	FV:	to make known	17
fādá	發達	SV:	be well developed	2
fādùng	發動	FV:	launch, stage (an attack or war)	8
fājǎn	發展	FV/N:	develop; spread/development	1
Fǎjyā	法家	N:	Legalists	20
fǎlìng	法令	N:	law; ordinance; law and ordinance	7
fǎlyù	法律	N:	law	20

fāmíng	發明	FV/N: invent/invention	4
fǎndwèi	反對	FV: oppose, to be against	7
fángbèi	防備	FV: take precaution against	7
fāngfǎ	方法	N: way, method	4
fānggūnglǐ	方公里	M: square kilometer	3
fāngmyàn	方面	N: aspect, side	6
fāngsyàng	方向	N: direction	19
fāngsyíng	方形	N: square	16
fāngyán	方言	N: dialect	15
fǎnkàng	反抗	FV: oppose	5
fánrúng	繁榮	SV: be flourishing, prosperous	10
fánshr̀ . . . dōu	凡是···都	all . . .	18
fāshēng	發生	FV: happen, occur	2
fāsyàn	發現	FV/N: discover/discovery	1
fèi	費	BF: fee, expense	13
Fēijōu	非洲	PW: Africa	5
féilyàu	肥料	N: fertilizer	11
féiwò	肥沃	SV: be fertile (for soil)	2
fēnbù	分佈	N/FV: distribution/to be spread or scattered over	2
fēnchīfùkwǎn	分期付欵	FV/N: pay by installments/installment plan	12
fēngchì	風氣	N: fad, fashion, the prevalent way of doing things	6
fēngjyàn	封建	BF: feudal	4
fēngjyànshŕchī	封建時期	TW: feudal period	4
fēnlyè	分裂	FV/N: split up, be divided/split	5
fēnpèi	分配	FV/N: distribute/distribution	9
fù	富	SV: be rich, wealthy	2
fù	副	BF: vice-, deputy, co-	8
fù	賦	N: fu (a descriptive poetic prose interspersed with verse)	19
fǔbài	腐敗	SV: be corrupt	5
fùchīng	付清	RV: pay in full	12

fùchyáng	富强	SV:	be rich and strong (of a nation)	9
fùdān	負擔	N/FV:	(financial) responsibility/ to be responsible, shoulder the (financial) responsibility	10
fǔdz	斧子	N:	axe, hatchet	4
fùdzé	負責	FV/SV:	be responsible	7
fùdzérén	負責人	N:	person in charge	9
fūfù (M: dwèi)	夫婦 〈M:對〉	N:	husband and wife	13
fùhétsź	複合詞	N:	compound	15
Fújyàn	福建	PW:	Fukien (province)	15
fùnyǔ	婦女	N:	women (used collectively)	14
fùshwèi	賦稅	N:	taxes	10
fúsyīng	復興	FV/N:	revive/revival	20
fúwù	服務	FV:	serve	13
Fwójyā	佛家	N:	Buddhists	17
Fwójyàu	佛教	N:	Buddhism	5

G

gǎibyàn	改變	FV/N:	change	6
gǎicháuhwàndài	改朝換代	N/FV:	change of dynasties/change dynasties	14
gǎigé	改革	FV/N:	reform, make a radical change/reform, a radical change	5
gǎijìn	改進	FV/N:	improve/improvement	10
gǎilyáng	改良	FV:	improve	11
gǎiyóu . . . V (N)	改由 ⋯V (V) (N)		be . . . -ed by . . . instead	10
gān	乾	SV:	be dry	2
gǎnchíng	感情	N:	feelings, emotions	17
gǎndùng	感動	FV:	move, affect with emotion	19
gāng	鋼	N:	steel	12
gāngtyě	鋼鐵	N:	steel (lit. steel and iron)	12
gāngtyěgūngyè	鋼鐵工業	N:	steel industry	12

gǎnjywé	感覺	FV/N: feel; think/sensation; feelings	14
gǎnshang	趕上	RV: catch up	12
gānshè	干涉	FV: interfere	20
Gāulî	高麗	PW: Korea	5
gāulyang	高梁	N: common sorghum	3
gāuywán	高原	N: plateau	1
gèdz̀	各自	N: each one	6
gěi . . . dzēnggwāng	給···增光	bring glory or honor to . . .	13
gélyù	格律	N: metrical structure	19
gémìng	革命	N: revolution	
gēnběn	根本	A/BF: completely, fundamentally/fundamental	10
gēng	耕	FV: plow, till	2
gèng	更	A: further	14
'gēngjě yǒu chí tyán'	耕者有其田	PH: 'land-to-the-tiller'	12
gēngjùng	耕種	FV/N: cultivate, till/cultivation	2
gēnjyu	根據	FV/N: based on/basis	1
gèrén	個人	AT: personal	13
gòudzàu	構造	N: structure	16
gǔdài	古代	AT: ancient	4
gùdìng	固定	AT: fixed	19
gǔlî	鼓勵	FV/N: encourage/encouragement	10
gùngchǎndǎng	共産黨	N: the Communist party; member of the Communist party	8
gūngchǎng	工廠	N: factory	11
gūngchř	公尺	M: meter	2
gūngdzwò	工作	FV/N: work/work	1
gǔnggù	鞏固	FV: consolidate (foundation, position, regime)	9
gūnggùngshŕtáng	公共食堂	N: mess hall	14
gùnghégwó	共和國	N: republic	9
gūngjìng	恭敬	SV/FV: be respectful, deferential/respect	20

gūngjyù	工具	N:	tool, instrument	11
gūngkāi	公開	A:	openly	9
gūnglǐ	公里	M:	kilometer	3
gūngren	工人	N:	worker, laborer	14
gūngrèn . . . shř . . .	公認…是…		publicly recognize . . . as . . .	17
(A) (B)	(A) (B)			
gūngrènshr	公認是	A:	publicly recognize as	17
gūngshāngyè	工商業	N:	industry and commerce	2
gùngsyàn	貢獻	N:	contribution	7
gūngtyán	公田	N:	public field	10
Gūngtyánjřdu	公田制度	N:	Public Fields System	10
gūngyè	工業	N:	industry	2
'gūngyè Řběn núngyè Táiwān'	工業日本 農業台灣	PH:	'to industrialize Japan and agriculturalize Taiwan'	12
gūngyèhwà	工業化	N/FV:	industrialization/industrialize	12
gùngyìng	供應	N/FV:	supply/supply	11
gútou	骨頭	N:	bone	16
Gǔwén	古文	N:	Ancient Script (cf. Les. 18: 11)	18
gwān	關	FV:	enclose, surround; lock up (a person)	2
gwǎn . . . jyàu . . .	管…叫		call . . . (as) . . .	13
gwānchá	觀察	N/FV:	observation/observe	12
gwāndyǎn	觀點	N:	point of view	15
gwǎng	廣	SV:	extensive, broad	18
Gwǎngjōu	廣州	PW:	Canton	2
gwānhwàchyū	官話區	N:	Mandarin-speaking area	15
gwǎnlǐ	管理	FV:	administer, control, manage	6
gwānnyàn	觀念	N:	concept, idea, view	4
gwānsyīn	關心	SV/FV:	be concerned/be concerned about	13
gwēidìng	規定	FV/N:	stipulate/stipulation	12
gwèidzú	貴族	N:	noble; nobility	4

Gwèijōu	貴州	PW:	(province of) Kweichow	3
gwēimwó	規模	N:	scale, scope	9
gwò r̀dz	過日子	VO:	live, pass one's life	2
gwóchí	國旗	N:	national flag	9
gwòchyù	過去	MA/AT:	in the past/past	2
Gwógùng lyǎngdǎng	國共兩黨	N:	the two parties, National-ist and Communist	9
gwóhwèi	國會	N:	congress, parliament	8
gwójì	國際	BF:	international	8
gwójyā	國家	N:	country, nation	1
gwómín	國民	BF:	national	8
Gwómíndàhwèi	國民大會	N:	National Assembly	8
Gwómíndǎng	國民黨	N:	Kuomintang, the National-ist Party	9
Gwómíngémìng	國民革命	N:	National Revolution (of China, 1911)	8
gwónèi	國內	PW:	within the country	9
gwówùdzǔnglǐ	國務總理	N:	premier	9
Gwówùywàn	國務院	N:	State Council (cabinet)	9
gwóyǔ	國語	N:	(Chinese) national lan-guage, Mandarin	15
gwóyǔyùndùng	國語運動	N:	the campaign to promote the national language	15

H

hǎiànsyàn	海岸線	N:	coastline	3
hǎibá	海拔	N:	height above sea level	2
hǎidǎu	海島	N:	island	3
hǎigǎng	海港	N:	harbor	3
Hǎinándǎu	海南島	PW:	Hainan Island	3
háiyǒu	還有		furthermore, moreover	15
Hàn-Táng	漢唐	N:	Han (Dynasty) and Tang (Dynasty)	5
Hàncháu	漢朝	N:	Han Dynasty (206 B.C.-A.D. 220)	5
Hàndzú	漢族	N:	the Han people	1

Hánfēidž	韓非子	N:	Han Fei Tzu (a Chinese philosopher of the third century B.C.)	20
Hànrén	漢人	N:	the Han people	1
hánsyù	含蓄	SV:	be implicit	17
Hànwǔdî	漢武帝	N:	Emperor Wu of Han (an emperor of Han Dynasty, who reigned from 140–88 B.C.)	5
hé	和		and (used between nouns)	1
hébìng	合併	FV:	combine	15
héchéng	合成	FV:	make, unite into, put together and form	4
hédzwò	合作	N/FV:	cooperation/cooperate	7
héfǎ	合法	SV:	be legal, lawful	7
héhū	合乎	FV:	meet (the standard or qualification)	13
hēiàn	黑暗	SV:	be corrupt (such as government, society); dark	20
héjùng	合種	FV:	jointly cultivate	10
héndzǎuyǐchyán	很早以前	TW:	a long time ago, ages ago	1
hépíng	和平	A/N:	peacefully/peace	1
hòuchī	後期	TW:	latter period	10
hòufāng	後方	PW:	the rear (during a war)	11
hùkǒu	戶口	N:	population	10
hùkǒudyàuchá	戶口調查	N:	census	10
Húnglóumèng	紅樓夢	N:	Hung Lou Meng, Dream of the Red Chamber (by Ts'ao Hsüeh-ch'in; 1719–1763)	18
hùsyāng	互相	A:	mutually, . . . each other	13
"Hwā fēi hwā, wù fēi wù, yè bàn lái, tyān míng chyù. Lái rú chwūn mèng bù dwō shr, Chyù sž jāu yún wú mǐ chù."	花非花, 霧非霧, 夜半來, 天明去; 來如春夢 不多時, 去似朝雲 無覓處。		"It isn't a flower, it isn't mist, coming at midnight, going at dawn. When it comes as a spring dream that lasts not long; and when it goes it goes like morning clouds that leave no trace." by Po Jyu-yi	19

-hwà	化	BF: -lize, -fy	12
Hwáběi	華北	PW: Northern China	9
hwàběn	話本	N: prompt book (of a type used by storytellers during the Sung Dynasty)	18
Hwáchyáu	華僑	N: overseas Chinese	5
hwàjyù	話劇	N: play (theatrical)	18
Hwángdì	黃帝	N: Huang Ti, Yellow Emperor (a legendary monarch, 2698 B.C.)	4
hwángdì	皇帝	N: emperor	7
Hwánghé	黃河	N: the Yellow River	1
hwànjyuhwàshwō	換句話說	MA: in other words	13
hwēifu	恢復	FV: reestablish, restore	5
Hwéijyàu	回教	N: Mohammedanism	5
Hwéirén	回人	N: Mohammedan	3
hwèiyî	會意	AT: compound ideograph	16
hwódžyìnshwā	活字印刷	N: movable type	5
hwūnyīn	婚姻	N: marriage	13

J

jàn	佔	FV: constitute	1
jàn	佔	FV: occupy, take by force	8
jàndzài . . . de lichang lái V	站在···的立場來V	looking from the standpoint of . . .	
jàngài	障礙	N: obstacle, hindrance	14
jǎngbèi	長輩	N: seniors (elders)	13
jǎngdà	長大	RV: grow up	7
Jàngwó	戰國	TW: Warring States	4
Jàngwóshŕdài	戰國時代	TW: Warring States Period (403–221 B.C.)	4
jànjēng	戰爭	N: war	3
jànlǐng	佔領	FV: occupy, take by force	8
jèiyangyilái	這樣一來	MA: by doing this, because of this	14
jèngchywán	政權	N: political power; regime	4

				Lesson
jēngdwó	爭奪	FV:	fight for (power)	9
jèngfǔ	政府	N:	government	3
jěnggèr	整個兒	AT:	entire, whole	6
jènghǎu	正好	MA:	exactly, right, just; just at (a given) moment	2
jèngjr̀jyā	政治家	N:	politician, statesman	10
jèngmíng	証明	FV:	prove	1
jèngshr̀	正式	A:	formally; officially	5
jèngtsè	政策	N:	policy	6
jèngtǔng	正統	AT:	orthodox	20
jēnjèng	真正	A/AT:	actually, really/real, genuine	16
jésywé	哲學	N:	philosophy	13
jí	極	A:	extremely	17
jì	祭	FV:	offer sacrifice	6
jīběn	基本	BF:	basic fundamental	6
jīběnshàng	基本上	A:	basically, fundamentally	6
jīchǔ	基礎	N:	foundation, basic	4
jìchyǎu	技巧	N:	technique (such as in art or in writing)	18
jídyǎn	極點	N:	extreme, utmost	7
jìdzǎi	記載	FV/N:	record/recording	17
jīgwān	機關	N:	organization (usually governmental)	7
jíje	急着	A:	be anxious to	12
jījí	積極	A/SV:	positively/positive	12
jíjūng	集中	FV:	concentrate; gather together	11
jìlù	記錄	N:	record	17
jìnbù	進步	N/SV:	progress / be advanced, well developed	1
jìndài	近代	AT:	modern, contemporary	11
'jīng, shr̀, dž, jí'	'經,史,子,集'		'Classics, History, Philosophy, Belles lettres'	17
'jǐng' dž	'井'字	N:	character 'jǐng'	10

jīngdyǎn	經典	N:	the classics	20
jìngjēng	競爭	FV/N:	compete/competition	10
jīngjìkǔnghwāng	經濟恐慌	N:	economic depression	11
jǐngjr	景緻	N:	scenery	19
jīngshénbúmyè	精神不滅	N:	the immortality of the spirit (or soul)	20
jīngyíng	經營	FV:	manage, carry on (a business)	10
jìnlyàng	儘量	A:	to do one's best to, with all one's strength	14
Jīnmén	金門	PW:	Quemoy	3
Jīnpíngméi	金瓶梅	N:	Chin Ping Mei, Golden Vessel Plum Flower (author unknown)	18
jìnsyíng	進行	FV:	carry out, proceed, engage in (doing)	16
Jīnwén	今文	N:	Modern Script (Around 90 B.C. there existed in China two sets of Confucian classics, classified according to the script in which they were written; these represented not only two editions but two schools of interpretation. One school was that of the state doctors founded on oral transmission and recorded in current Han script, known as the school of the Modern Script. The other was based on early written records and circulated among the people and known as the Ancient Script (Gǔwén). —Chinese Literature by Ch'en Shou-yi, p. 78.)	18
jìnyíbù	進一步	A:	to take one step further and . . .	17
jìrán	既然	MA:	since, considering that	13
jìshù	技術	N:	skill, technique	5
jìsyù	繼續	A/FV:	continuously/continue	11
jítǐnúngchǎng	集體農場	N:	collective farm	12

Jìywánchyán	紀元前	TW: B.C.	4
Jìywánhòu	紀元後	TW: A.D.	4
Jōucháu	周朝	N: Chou Dynasty (1122–256 B.C.)	1
Jōugūng	周公	N: Duke of Chou (son of King Wen; after the death of King Wu, the Duke of Chou, as the regent of the minor King Cheng (成 王 who reigned 1115–1078 B.C.) extended the Chou's territorial control to the Yangtze Valley.)	4
. . . jř swóyǐ . . .	…之所以…	the reason why . . .	17
Jōuwénwáng	周文王	N: King Wen of Chou	4
jř	只	A: only, merely	2
jřchū	指出	FV: point out	17
jřchywán	職權	N: duty and power (official)	7
jřdǎu	指導	FV/N: guide/guidance	17
jřdìng	制定	FV: enact; adopt (constitution)	8
jřdu	制度	N: system	4
jřjyān	之間	between; among	1
jřjyē	直接	A/AT: directly, direct	13
jřlǐ	治理	FV: rule, administer	20
jřlyóu	支流	N: branch (of a school of thought); tributary	20
jřshř	指事	AT: simple ideograph	16
jřshrfèndž	知識份子	N: intellectuals	14
jřsyu	秩序	N: order	1
jřtsái	制裁	FV/N: restrain/restraint	13
jřyè	職業	N: profession	13
. . . jřyǐ	…之—	one of the . . .	15
jřyú	至於	as to, with regard to	16
jřywàn	志願	N: ambition, goal of life	20
jū	猪	N: pig	
Jū Dé	朱德	N: Chu Teh, long-time commander-in-chief of the Communist armed forces (1886–)	9

jūhóu	諸侯	N: feudal prince	4
jǔjāng	主張	FV/N: advocate/what one advocates	8
jùjùng	注重	FV: emphasize	10
Jūjyāng	珠江	PW: Pearl River	2
jùmíngtsź	助名詞	N: measure, classifier	15
"Jūng sywé wéi tǐ syī sywé wéi yùng."	"中學爲體 西學爲用"	"to preserve Chinese philosophical ideas and adopt Western scientific knowledge and technology."	20
jùng	種	FV: plant, till, plow	2
Jūngdūng	中東	PW: the Middle East	2
jǔngdž	種籽	N: seed	11
Jūnggùng	中共	N: the Chinese Communists (abbr 'Jūnggwó gùngchǎndǎng' 中國共產黨)	9
jùnggūngyè	重工業	N: heavy industry	11
Jūnggwóběnbù	中國本部	N: China proper	2
Jūnghwámíngwó	中華民國	N: Republic of China (founded in 1912)	5
Jūnghwárénmín-gùnghégwó	中華人民 → 共和國	N: People's Republic of China	9
jǔngjǔng(de)	種種(的)	all sorts of . . .	14
jǔnglèi	種類	N: variety, type	15
jùngnánchǐngnyǔ	重男輕女	PH: favor the male and regard the female lightly	13
jùngnúngyìshāng	重農抑商	PH: to give importance to agriculture and restrain commerce	10
jùngshǐ	重視	FV: regard with esteem	20
Jūngsyī	中西	BF: Sino and Occidental	14
jūngsyīn	中心	N: center	2
jūngsyīn	忠心	SV: be loyal (to a monarch or a master)	7
jùngyàu	重要	SV: be important	2
jūngyè	中葉	BF: the middle (period) of	10
jūngyóu	中游	PW: middle part of a stream (as opposed to upper and lower)	2

jǔsyí	主席	N:	chairman	9
jǔtsź	主詞	N:	subject (grammatical term)	15
jǔyàu	主要	AT:	main, chief, essential	7
jùyīnfúhàu	注音符號	N:	National Phonetic Alphabet	16
Jwāngdž	莊子	N:	Chuang Tzu (a Taoist philosopher and writer who lived circa 300 B.C.);The Book of Chüang Tzu	17
jwānjèng	專政	FV:	monopolize the political power	14
jwānjr̀	專制	SV/N:	be autocratic/autocracy	7
jwǎnmài	轉賣	FV:	resell (to a third party)	12
jyā	家	BF:	(indicates a specialist)	4
jyā	家	M:	family	10
jyāchyáng	加强	FV:	strengthen	6
jyǎgǔwén	甲骨文	N:	shell and bone writing (often referred to as oracle bones)	16
jyājùng	加重	FV:	increase, become heavier	10
jyǎn	減	FV:	deduct, subtract, minus	10
jyānài	兼愛	N:	love without distinction	20
jyānbìng	兼併	N:	annexation	10
jyānchá	監察	AT:	controlling, supervising	6
jyǎnchīng	減輕	FV:	reduce	10
jyǎndī	減低	FV:	reduce, lower	14
jyǎng	講	M:	lecture	1
jyǎng	講	FV:	observe, pay special attention to	1
Jyǎng Jyèshŕ	蔣介石	N:	Chiang Kai-shek (1887-)	8
jyǎngjyú	僵局	N:	deadlock	9
Jyāngsyī	江西	PW:	Kiangsi (province)	9
jyǎngsywé	講學	VO:	give lectures	20
jyàngwó	建國	BF:	build up a nation, establishing a nation	8
jyànjyānde	漸漸的	A:	gradually	7

jyānjyē	間接	A/AT:	indirectly/indirect	13
jyànlì	建立	FV/N:	found, establish/founding, establishing	4
jyǎnshǎu	減少	FV:	reduce, decrease	11
jyànshè	建設	FV/N:	construct, reconstruct/ construction, reconstruction	8
jyǎntǐdz	簡體字	N:	simplified characters	16
jyātíng	家庭	N:	family	12
jyāu	繳	FV:	pay (a payment)	10
jyàudzwò	叫做	FV:	called, spoken of as	6
jyàuyùfèi	教育費	N:	fund for education	13
jyēchwò	接觸	FV/N:	be in contact with/contact	2
jyēdwàn	階段	N:	stage, phase	12
jyěfàng	解放	FV/N:	liberate/liberation	14
jyējí	階級	N:	class, caste	4
jyéshéngjìshǐ	結繩記事	PH:	knotting a cord for recording events	16
jyēshòu	接受	FV:	accept	20
jyěshì	解釋	N/FV:	interpretation, explanation /interpret, explain	6
jyéshù	結束	FV:	conclude; terminate	7
jyòu	救	FV:	save, rescue	20
jyōujìng	究竟	A:	after all; just exactly	16
Jyòushŕchìshŕdài	舊石器時代	N:	Paleolithic Age (Old Stone Age)	1
jyùběn	劇本	N:	script (of a play)	19
jyùfǎ	句法	N:	sentence structure	19
jyùjywé	拒絕	FV:	refuse; reject	9
jyùlí	距離	N:	distance	12
jyǔ lìdz	舉例子	VO:	to give an example	18
jyūn	君	N:	emperor	7
jyūnchywán	君權	N:	power of a monarch	7
jyūndwèi	軍隊	N:	army, troops	5
jyūnfá	軍閥	N:	warlord	8

jyūnjèngshŕchī	軍政時期	N:	Period of Military Government	8
jyūnjǔ	君主	N:	monarch, ruler	4
jyūnshŕ	軍事	N:	military affairs	6
Jyūntyánjŕdu	均田制度	N:	Equal Fields System	10
jyúshŕ	局勢	N:	situation (political)	9
jyùshwō	據說	MA:	it is said, from what people say	4
jyùtǐ	具體	SV:	concrete	11
jywédwèi	絕對	AT/A:	absolute/absolutely	7
jywésyīn	決心	A/N:	determine/determination	20

K

kāibàn	開辦	FV:	to start (a business, school, hospital) and operate	14
kāishŕ	開始	A/FV/N:	start, begin/start, begin/ start, beginning	1
kàngjàn	抗戰	FV/N:	to fight against the Japanese Aggression (1937–1945)/The War to Resist Japanese Aggression(1937–1945)	8
Kāngsyīdżdyǎn	康熙字典	N:	The Kanghsi Dictionary (compiled under the sponsorship of the emperor K'anghsi of the Ch'ing Dynasty)	16
kànjùng	看重	FV:	regard as important, regard highly	17
kàu	靠	CV/FV:	depending on/depend on	2
kǎugǔsywéjyā	考古學家	N:	archaeologist	16
kè	刻	FV:	engrave, carve	16
kějyàn	可見	MA:	obviously	13
kěkàu	可靠	SV:	be reliable, dependable	1
kēsywé	科學	N/SV:	science/be scientific	11
kǒuyīn	口音	N:	accent	15
Kǔngdž	孔子	N:	Confucius (551–478 B.C.)	4
kwàngyè	礦業	N:	mining industry	12

| kwòchūng | 擴充 | FV: | expand | 9 |

L

Lādǐnghwà	拉丁化	FV:	Latinize	16
V₁ (O) lái V₂ (O)	V₁(O)來V₂(O)		V₁ (O) in order to V₂ (O)	8
. . . (yi)lái			the last . . .	1
láiwǎng	來往	N:	social intercourse, comings and goings	3
láiywán	來源	N:	origin, source	1
lǎubǎisyìng	老百姓	N:	(common) people	5
Lǎudž	老子	N:	Lao Tzu (a Taoist philosopher who was born about 570 B.C.); Book of Lao Tzu	17
lèisž	類似	SV:	similar	15
Lǐ Bái	李白	N:	Li Po, Li Tai-po (one of the greatest Chinese poets; 701–762)	19
lìchǎng	立場	N:	standpoint	7
lìdz	例子	N:	example	18
Lìfǎywàn	立法院	N:	Legislative Yüan	8
lǐjr̀	理智	N:	reasoning	17
lǐjyé	禮節	N:	etiquette; ritual	1
lǐlwùn	理論	N:	theory	7
lìlyàng	力量	N:	strength, power	6
lǐng	領	FV:	get, receive (something to be issued)	10
lǐngdǎu	領導	FV/N:	lead/leadership	8
lǐngsyòu	領袖	N:	leader	3
Lísāu	離騷	N:	Li Sao (a poem written by Chü Yüan)	19
lísyǎng	理想	SV/N:	be ideal/ideal	12
lǐyì	禮義	N:	decorum	20
lìyùng	利用	FV:	use, utilize; to make a tool of	9
lwò	落	FV:	fall, drop	3
lwúnlǐ	倫理	N:	ethics	13

Lwúnyǔ	論語	N:	The Analects of Confucius	18
lyàn	鍊	FV:	refine	12
lyángshr	糧食	N:	food provisions; grain	10
Lyǎngshwèijr̆	兩稅制	N:	Dual Taxation System	10
lyánhé	聯合	FV:	join together	6
Lyánhégwó	聯合國	N:	United Nations	15
lyánhéjèngfǔ	聯合政府	N:	coalition government	9
lyǎujyě	了解	FV:	understand	13
Lyèníng	列寧	N:	Lenin (Nikolai, 1870–1924)	9
lyóu	流	FV:	flow	2
lyóuchàng	流暢	SV:	be fluid (in writing)	18
lyóuchwán	留傳	FV:	pass down	19
lyóusyíng	流行	SV:	be prevalent, popular	17
lyóusywé	留學	VO:	study (abroad)	14
lyóuyù	流域	N:	river valley, basin	2

M

mǎ (M: pǐ)	馬(M:匹)	N:	horse	12
Mǎdzǔ	馬祖	PW:	Matsu	3
Mǎkèsz̄	馬克斯	N:	Marx (Karl, 1818–83)	9
Mǎnchǐng	滿清	N:	Manchu (government), Ch'ing (government)	8
mǎndzú	滿足	FV:	satisfy	7
Mǎn(jōu)rén	滿(洲)人	N:	Manchu	3
mǎnyì	滿意	SV:	be satisfied	8
Máu Dzédūng	毛澤東	N:	Mao Tse-tung (1893–)	9
màushèng	茂盛	SV:	be luxuriant	19
měi	美	SV:	be beautiful	19
měilì	美麗	SV:	be beautiful	12
Mèngdž	孟子	N:	The Book of Mencius; Mencius (Chinese philosopher and teacher of Confucianism; 372?–289? B.C.)	18
Ménggǔ	蒙古	PW:	Mongolia	3
mínchywán	民權	N:	powers of the people	8

Mínchywánjǔyî	民權主義	N: Principle of Democracy	8
míndzú	民族	N: race, nation (in the sense of the people), a people	1
Míndzújǔyî	民族主義	N: Principle of Nationalism	8
Míngcháu	明朝	N: Ming Dynasty (A.D. 1368–1644)	5
'míng' dž	'明'字	N: character 'ming' (明 , bright)	16
mìnglìng	命令	N: order	7
míngsyǎn	明顯	SV: be obvious, be distinctive	13
míngtsź	名詞	N: noun	15
Míngwó	民國	N: the Republic (of China, abbr. of 'Jūnghwámíngwó' 中華民國)	9
mínjǔ	民主	SV: be democratic	5
mínshēng	民生	N: the livelihood of the people	8
Mínshēngjǔyî	民生主義	N: Principle of National Livelihood	8
mǒu	某	SP: certain	13
mǔ	畝	M: mou, Chinese acre $(733\frac{1}{2}$ sq. yds., 6.6 'mu' equal one acre)	12
mùbyāu	目標	N: goal	12
mùchyán	目前	MA: at present	20
mùdi	目的	N: purpose	7
mùtsái	木材	N: lumber	3
mǔyīn	母音	N: vowel	15
Mwòdž	墨子	N: The Book of Motzu; Mo Ti (the founder of altruistic school; 480?–390? B.C.)	18
mwófǎng	模仿	FV: imitate	14
mwònyán	末年	N: last years	5
mwòshōu	沒收	FV: confiscate	9
myànji	面積	N: surface area (size of an area)	3
myáusyě	描寫	FV: describe, delineate	17
myè	滅	FV: destroy (a nation)	4

| myèwáng | 滅亡 | FV: | be extinguished (as a nation) | 5 |

N

nánmyǎn	難免	A:	unavoidably	13
nánnyǔlǎushàu	男女老少	N:	people of all ages and both sexes	14
nánnyǔ píngděng	男女平等	N:	equality between the sexes	14
Nánsùng	南宋	N:	the Southern Sung (A.D. 1127–1280)	5
Nányáng	南洋	PW:	South Seas	5
nàshwèi	納稅	VO:	pay tax	7
nèigé	內閣	N:	the cabinet	8
nèijàn	內戰	N:	civil war	8
nèilù	內陸	PW:	inland	2
nèilwàn	內亂	N:	insurrection	14
Nèiménggǔ	內蒙古	PW:	Inner Mongolia	3
nèirúng	內容	N:	content	12
nèmma	那麼		in that case . . .	13
nénggan	能幹	SV:	be capable	4
nénglì	能力	N:	capability, ability	13
ní	泥	N:	mud	2
níshā	泥沙	N:	mud and sand	2
nǔlì	努力	A/SV:	industriously/be industrious	1
núngchǎn	農產	N:	agricultural products	3
núngchǎnpǐn	農產品	N:	agricultural produce	11
núngdzwòwù	農作物	N:	agricultural produce	12
núngmín	農民	N:	farmer	10
Núngmínyínháng	農民銀行	N:	Farmers' Bank (of China, abbr. of 'Jūnggwó-núngmín-yínháng' 中國農民銀行）	11
núngrén	農人	N:	farmer	13
núngtswūn	農村	N:	farm village	11
núngyè	農業	N:	agriculture	2

núngyèchyū	農業區	PW: agricultural area	2
nyándài	年代	N: date (historical)	19

O

Ōuměi	歐美	PW: Europe and America	10

P

pài	派	M: school, faction	20
pàibyé	派別	N: school, faction	20
pánggwānjě	旁觀者	N: onlooker	17
Pángǔ	盤古	N: P'an Ku (a legendary be-ing, evolved from chaos)	4
pèi	配	FV: accompany with (such as music)	19
pèihé	配合	N/FV: coordination/coordinate	7
pèishang	配上	RV: accompany with (such as music)	19
pínfùbùjyūn	貧富不均	unequal distribution of wealth	8
píng	平	SV: be level; be smooth, even (cf. 'píngjyūn')	2
píngděng	平等	N/SV: equality/be equal, of equal rank	4
píngjyūn	平均	SV: be even (not in the sense of flat cf. 'píng')	2
píngjyūn	平均	MA: on the average	16
píngjyūndìchywán	平均地權	'equalization of land rights'	11
píngmín	平民	N: common people	4
'píng, shǎng chyù, rù'	'平,上,去,入'	'even, rising, going (or falling), and entering,' the traditional names for tones in Chinese	15
píngshēng	平聲	N: even tone	15
píngywán	平原	N: plain	3
pīnmìng	拼命	A: feverishly	14
pīping	批評	N/FV: criticism/criticize	13
pwòhwai	破壞	FV: destroy	6

pyántǐwén	駢體文	N: balanced prose	19

R

"R̀ chū ér dzwò, r̀ rù ér syî, dzwò jǐng ér yǐn, gēng tyán ér shŕ. dì lì yú wǒ hé yǒu dzāi?"	"日出而作 日入而息 鑿井而飲 耕田而食 帝力於我 何有哉"	"We work when the sun rises, we rest when the sun sets, we dig wells for drink, we plow the land for food, what has the power of the Emperor to do with us?"	6
'r' dž	'日'字	N: character 'r' ('日' the sun)	16
ràngréngǎndùng	讓人感動	SV: be touching, moving	19
ránhòu	然後	A: afterwards	6
rénchǐng	人情	N: human feelings; human nature	19
réngrán	仍然	A: still	12
rènhé	任何	any	16
rènhé . . . dōu	任何…都	every	16
rénlì	人力	N: manpower	11
rénmín	人民	N: people (the members of a race or a country)	1
rénmíngūngshè	人民公社	N: people's commune	9
rěnnài	忍耐	FV: to bear with, to have patience	8
rénshēng	人生	N: human life (in the philosophical sense)	17
rénshēnggwān	人生觀	N: view of life, philosophy of life	17
rénshu	人數	N: number of people	1
rénwéi	人爲	AT: man-made, caused by man	12
rènwéi	認爲	consider that	1
rénwù	人物	N: personage	18
rúgwǒ	如果	MA: if	14
Rújyā	儒家	N: Confucian school	5
rùkǒu	入口	FV/N: import/import	12

			Lesson
Rúlínwàishř	儒林外史	N:	Ju Lin Wai Shih,TheInformal History of the Forest of Scholars (by Wu Chingtzu; 1701-1754)	18
rùshēng	入聲	N: entering tone	15
rwò	弱	SV: be weak	3

S

'sānchǐdyǎnwǔ- jyǎndzū'	'三七點五減租'	'rent reduction to 37.5%'	12
Sāngwóshŕdài	三國時代	N: the Three Kingdoms Period (A.D. 222-265)	5
Sāngwóyǎnyî	三國演義	N: Romance of the Three Kingdoms (by Lo Kuanchung)	18
sānjyǎujōu	三角洲	N: delta	2
Sānmínjǔyî	三民主義	N: Three People's Principles	8
Sānshěngjř̀du	三省制度	N: Three Department System	7
sǎnwén	散文	N: prose	17
sēnlín	森林	N: forest	3
shā	沙	N: sand	2
shā	殺	FV: kill (a person or an animal)	6
shāmwò	沙漠	N: desert	2
shāndî	山地	N: mountainous regions	2
shāngǎi	刪改	FV: abridge and alter	18
shàngbyar	上邊兒	PW: above	17
Shāngcháu	商朝	N: Shang Dynasty (1766-1122 B.C.)	1
shànggwěidàu	上軌道	SV: be on the right track, systematic	8
shāngpǐn	商品	N: goods, merchandise	11
shāngren	商人	N: merchant	13
shǎngshēng	上聲	N: rising tone	15
shàngyǎn	上演	FV: stage	18
shāngyè	商業	N: commerce	2
shàngyóu	上游	PW: upper reaches (of a stream)	2

Shǎnsyī	陝西	PW:	Shensi (province)	9
shāu	燒	FV:	burn	18
shǎushù	少數	N:	minority	1
shǎushù míndzú	少數民族	N:	national minority	1
shèfǎ	設法	A:	devise means	12
Shēnbàugwǎn	申報舘	N:	the Shen Pao (one of the leading newspapers in Shanghai)	18
shēng	聲	M:	tone	15
shěng	省	M:	the 'department' (of the Three Department System)	7
shēngchǎn	生產	N:	production	10
shēngchǎnhédzwòshè	生產合作社	N:	production cooperative	12
shēngchǎnlyàng	生產量	N:	production output	11
shēngdùng	生動	SV:	be vivid, lively	17
shēngdyàu	聲調	N:	tone, intonation	15
shéngdz	繩子	N:	rope; cord, string	16
shēnghwóshwěijwǔn	生活水準	N:	living standard	12
shēngjyàng	升降	N:	ascending and descending	15
shènglì	勝利	FV/N:	win a victory/victory	8
shèngren	聖人	N:	sage	20
shéngwàisyǎushwōr	神怪小說	N:	fantasy	18
shénmì	神秘	SV:	be mysterious	2
shēnrù	深入	FV:	penetrate deeply into	3
shōu	收	FV:	harvest; collect (payment)	10
shòu	受	FV:	receive (such as education and training)	1
shōu shwèi	收稅	VO:	collect taxes	10
shòu jyàuyu	受教育	VO:	receive an education	1
'shòu mìng yú tyān'	'受命於天'		'receive order from Heaven'	6
shòu yǐngsyǎng	受影響	VO:	be effected by, influenced by	2
shōucheng	收成	N:	harvest	11
shòugǎndùng	受感動	SV:	be moved	19

shǒugūngyè	手工業	N:	handicraft industry	5
shōuhwò	收穫	N:	accomplishment, achievement (lit. crop)	18
shòujùngshì	受重視	SV:	be regarded with esteem	20
shǒusyān	首先	MA:	first	12
shr̄	濕	SV:	be wet, damp	3
shř	使	CV:	cause, make, enable	6
shr̀	市	BF:	municipality; municipal	14
shr̄bài	失敗	FV/N:	fail, to be unsuccessful/ failure	9
shŕcháng	時常	A:	often	14
shr̀chǎng	市場	N:	market	11
shŕchī	時期	N:	period, age	4
shŕchì	石器	N:	stone artifacts	16
shr̄chyù	失去	FV:	lose	11
shŕchywánshŕměi	十全十美		be (a hundred percent) perfect	13
shŕdài	時代	N:	age, period, epoch	4
shŕdzỳundùng	識字運動	N:	literacy movement	16
shŕfēn	十分	A:	extremely, hundred percent	17
shr̀hé	適合	A/FV:	be suitable to	2
shŕjì	實際	SV:	be actual; practical	8
Shřjì	史記	N:	<u>Shih Chi</u>, <u>The Records of the Historian</u>	18
shr̀jì	世紀	N:	century	11
Shr̄jīng	詩經	N:	<u>The Book of Songs</u>, also called <u>Book of Odes</u> (the earliest anthology of Chinese poetry containing more than 300 songs composed before the sixth century B.C.)	17
shŕjìshang	實際上	MA:	actually	12
shŕjūng	始終	A:	from beginning to end (not in the sense of completely), throughout an entire period of time (mostly negative)	10

shŕjyān	時間	N: time	9
Shŕjyŏushŕjì	十九世紀	TW: 19th Century	11
shŕli	勢力	N: influence, power	4
'shŕ, núng, gūng, shāng'	'士,農,工,商'	N: 'scholars, farmers, arti-sans, merchants' (general classification of Chinese people according to their occupation)	13
shŕrè	濕熱	SV: be humid and hot	3
shŕrén	詩人	N: poet	19
shŕshŕ	事實	N: fact	6
shŕsyàn	實現	FV: realize (a plan or an ideal)	12
shŕsyíng	實行	FV: put into practice, execute	6
shŕsywăn	詩選	N: anthology of poems	19
shŕtáng	食堂	N: mess hall	14
shŕyè	失業	FV: be unemployed (to lose one's job)	13
shŕyìng	適應	FV: adapt to	13
Shūjīng	書經	N: The Book of History	18
shŭyú	屬於	FV: belong to	14
shwāilwò	衰落	SV: be weak, declining	11
shwĕidzāi	水災	N: flood	2
Shwĕihŭjwàn	水滸傳	N: Shui Hu Chuan, The Story of the Water Margin, All Men Are Brothers (by Lo Kuan-chung circa 1364 A.D.)	18
shwĕilì	水利	N: water conservation and irrigation	11
Shwōfa	說法	N: hypothesis, theory, inter-pretation	1
Shwōshūde	說書的	N: storyteller	18
Shwōtángjwàn	說唐傳	N: Shuo T'ang Chuan, The Popular History of the T'ang Dynasty (by Lo Kuan-Chung)	18
Shwùn	舜	N: Shun (an ancient ruler dur-ing the golden age of Chi-nese history. He reigned from 2255-2205 B.C.)	4

shwùnje	順着	CV:	follow, in accordance with	20
shwùntsúng	順從	SV/FV:	be obedient, complying/ follow the wish of other people	20
súchì	俗氣	SV:	be unrefined, of bad taste	19
Sūlyán	蘇聯	N:	Soviet Union	12
Sùngcháu	宋朝	N:	Sung Dynasty (A.D. 960–1280)	5
Sūwéiaǐ-gùnghégwó	蘇維埃共和國	N:	Soviet Republic	9
swǎn	選	FV:	select	17
Swéitáng	隋唐	N:	Sui (Dynasty) and T'ang (Dynasty)	7
Swéicháu	隋朝	N:	Sui Dynasty (A.D. 589–618)	5
swǒ V de	所 V 的		'swǒ' plus a verb is usually translated into a relative clause in English introduced by 'who' or 'that which'. Such a clause when followed by the colloquial particle -'de' may modify the following noun.	1
swǒwèi(de). . .	所謂(的)		so called . . .	13
Swūn Jūngshēn	孫中山	N:	Sun Yat-sen (1867–1925; founder of the Republic of China)	6
swūndz	孫子	N:	grandson	13
swūnnyu	孫女	N:	granddaughter	13
swǔnshř	損失	N/FV:	loss/lose	11
Syàcháu	夏朝	N:	Hsia Dynasty (2250–1818 B.C.)	4
syàndài	現代	AT:	modern, present-age	1
syànfǎ	憲法	N:	constitution, constitutional law	8
syàng	向	CV:	toward, to, from	7
syàngchywán	相權	N:	power of a prime minister	7
syāngdāngde syŕjyān	相當的時間		a certain period of time	9
syāngdāngyú	相當於	EV:	be equivalent to	9

Syānggǎng	香港	PW: Hong Kong	3
syānggwān	相關	SV: be related, associated	15
syāngjìn	相近	SV: be close, similar	15
syǎngshòu	享受	N: enjoyment	7
syǎngsyàng	想像	N/FV: imagination/imagine	17
syángsyi	詳細	SV: be detailed	1
syāngsyìn	相信	FV: believe	6
syàngsyíng	象形	AT: pictograph	16
syāngtúng	相同	SV: be the same	16
Syànjèngshŕchī	憲政時期	N: Period of Constitutional Government	8
syànjr	限制	FV/N: limit, restrict/limitation, restriction	12
syǎnrán	顯然	A: obviously	17
syànshŕ	現實	N: reality	17
syànsyàng	現象	N: phenomenon	8
syǎudž chǎnjyēji	小資產階級	N: petit bourgeois	14
syāumyè	消滅	FV: extinguish, eliminate	14
syǎupǐnwén	小品文	N: familiar essay	18
syàushwun	孝順	FV/SV: be filial to/be filial	13

"Syí wǒ wǎng yǐ,
  yáng lyǒu yī yī,
  jīn wǒ lái sž,
  yǔ sywě fēi fēi,
  . . ."
	'昔我往矣
	楊柳依依
	今我來思
	雨雪霏霏
	. . ."
		"Long ago, when I marched away, the willows were luxuriant; now when I come back, the falling snow is thick, . . ." quoted from No. 167 'Gathering the Wei Plant', Book of Songs	19

Syīdzàng	西藏	PW: Tibet	3
Syīfāng	西方	PW: the West	5
Syījōu	西周	N: Western Chou (1122–770 B.C.)	4
syìjyù	戲劇	N: drama	18
syíngchéng	形成	FV: become, form into, shape into	1
syìnggé	性格	N: personality	17
syíngjèng	行政	N: administration	7
Syíngjèngywàn	行政院	N: Executive Yüan	8

syíngrúng	形容	FV:	describe	3
syíngshēng	形聲	AT:	phonetic compound	16
syíngsyàng	形象	N:	graph, image, form	16
Syīnhàigémìng	辛亥革命	N:	Revolution of 1911	5
Syīnjyāng	新疆	PW:	Sinkiang, Chinese Turke-stan	3
syìnrèn	信任	FV:	trust	7
Syīnshŕchìshŕdài	新石器時代	N:	Neolithic Age (New Stone Age)	1
Syīnwénhwàyùndùng	新文化運動	N:	The New Culture Move-ment	16
syìnyǎng	信仰	FV/N:	believe (in religion, -ism/ belief (political, religious)	9
syìnyùng	信用	N:	credit; trustworthiness	11
syīshōu	吸收	FV:	absorb	20
Syīyáng	西洋	PW:	Occident, West	8
syǐyīdwèi	洗衣隊	N:	laundry unit	14
Syīyóujì	西遊記	N:	Hsi Yu Chi, Travels to the Western Regions, The Monkey (by Wu Cheng-en; 1500–1582)	18
syìywàn	戲院	N:	theater	18
syōu	修	FV:	build (such as road, rail-way, bridge)	14
syōuyǎng	修養	N:	cultivation (of mind)	17
syŭdwō	許多		many, a lot of (same as 'hěn dwō' 很多)	6
syùmù (or mùsyù)	畜牧(or 牧畜)	N:	raising livestock	3
Syúndž	荀子	N:	The Book of Hsüntzu; Hsün Tzu, Master Hsün (Chinese philosopher, a major ex-positor of Confucianism during the Warring States Period; 325?–245? B.C.)	18
syūngdì	兄弟	N:	brothers	13
Syùnjèngshŕchī	訓政時期	N:	Period of Political Tute-lage	8
syùnlyàn	訓練	FN/N:	train/training	8

syùshù	叙述	FN/N:	narrate/narration	18
sywǎn	選	FV:	select	17
sywānbù	宣佈	FV:	announce, proclaim	9
sywǎnjyǔ	選舉	FV/N:	vote for, elect/election	8
sywéjě	學者	N:	scholar	1
sywéjyā	學家	BF:	-ist	16
sywéshùszsyǎng	學術思想	N:	intellectual thought	4
sywéshwō	學說	N:	theory (of a school of thought)	7
sywésyi	學習	FV:	learn	1
sz̄	絲	N:	silk	4
Sz̄fǎywàn	司法院	N:	Judicial Yüan	8
sz̀hū	似乎	A:	seems	17
sz̀jōuwéi	四周圍	PW:	all around, on all sides	10
Sz̄mǎ Chyān	司馬遷	N:	Szu-ma Chien (the author of the Shih Chi, The Records of the Historian; 145–86? B.C.)	18
sz̄rén	私人	AT:	private, personal	12
sz̄réntsáichǎn	私人財產	N:	private property, personal property	12
Sz̀shū	四書	N:	The Four Books (The Great Learning, 大學 Doctrine of the Mean, 中庸 Confucian Analects, 論語 Mencius 孟子)	20
sz̄syǎng	思想	N:	thought	4
sz̄syǎngjyā	思想家	N:	thinker	4

T

tā	它	N:	it(the word'ta' is used most often as 'it' is in English except in impersonal sentences, i.e. 'It is raining.')	5
tàidu	態度	N:	attitude	17
tàipíng	太平	SV:	peaceful (without wars)	6

Tàipîngtyāngwó	太平天國	N:	Taiping T'ien Kuo (lit. the Heavenly Kingdom of Peace), Taiping Rebels; Taiping Rebellion (A.D. 1850–1864)	5
Táiwān	台灣, 臺灣	PW:	Taiwan, Formosa	3
Tāng	湯	N:	T'ang (the first ruler of the Shang Dynasty. He reigned from 1766–1753 B.C.)	4
Tángcháu	唐朝	N:	T'ang Dynasty (A.D. 618–907)	5
Tángren	唐人	N:	the men of T'ang	5
táu	逃	FV:	escape, flee	9
táudàu	逃到	FV:	escape to	9
tèchywán	特權	N:	prerogative, (special) privilege	4
tèdyǎn	特點	N:	special characteristics	2
tèshū	特殊	SV:	be special	14
tèsyìng	特性	N:	characteristics	1
tí	提	FV:	mention	1
tíchàng	提倡	FV:	promote, propagate	5
tídau	提到	FV:	mention, bring up	1
tígāu	提高	RV:	raise, lift up	6
tǐtsái	題材	N:	theme	18
tǐtsái	體裁	N:	form (re: literature)	17
tsáichǎn	財產	N:	property	12
tsǎiyùng	採用	FV:	adopt (a policy or method)	6
Tsāngjyé	倉頡	N:	Tsang Chieh (the reputed inventor of Chinese writing)	16
tséngjīng Vgwo	曾經 Vgwo		V-ed before, once V-ed	10
tsúngshr̀	從事	FV:	devote oneself to	20
tsúngtsž	從此	MA:	from this point on	12
tswòwù	錯誤	N:	error	12
tswúndzài	存在	FV/N:	exist/existence	14
tsź	詞	N:	word	15
tsź	詞	N:	tsz (lyrics with lines of irregular length)	19

Lesson

tsźài	慈愛	SV:	be kind (parental kindness)	20
tsźbēi	慈悲	N:	mercy	20
tsźchỉ	瓷器	N:	porcelain, china	5
tsźhwèi	詞彙	N:	vocabulary	19
tǔchǎn	土產	N:	native products	10
tǔdì	土地	N:	land (in general)	2
tǔdìsžyǒu-jỉdu	土地私有制度	N:	system of private owner-ship of land	10
túngchỉ	銅器	N:	bronzes	16
túngchíng	同情	FV/N:	sympathize/sympathy	13
tūnggwò	通過	FV:	pass (as a bill)	9
tǔngjỉ	統治	FV/N:	rule, govern/ruling, gov-erning	4
tǔngjỉjě	統治者	N:	ruler	4
túngyì	同意	N/FV:	consent/agree; agree with	7
tǔngyī	統一	FV/N:	unify/unification	4
túngyigeshŕchỉ	同一個時候		be of the same period	20
túngyīndž	同音字	N:	homonym	15
twèichū	退出	FV:	withdraw	11
twēidùng	推動	FV:	push, motivate; push (such as work)	17
twēifān	推翻	FV:	overthrow, overturn	4
twēisyíng	推行	FV/N:	to promote and put into op-eration / promotion and carrying out	12
twǒérswǒ	託兒所	N:	nursery (for children)	14
tyān	天	N:	heaven	4
"Tyan tsāngtsāng yě mángmáng, fēng chwēi tsǎu dī jyàn nyóu yáng."	天蒼蒼 野茫茫 風吹草低 見牛羊		"Blue, blue, the sky, vast, vast, the field, the grasses are blown, the cattle are shown."	3
"Tyān wú sānỉ chíng; dì wú sānchỉ píng; rén wú sānlyǎng yín."	天無三日晴 地無三尺平 人無三兩銀		"There is never a clear sky for three days straight; there is no three feet of land that is level; there is no one who has ever had more than three taels of silver."	3

tyán	田	N:	land, field (for tilling only)	2
tyándì	田地	N:	farm land	12
tyāndzāi	天災	N:	natural disaster	12
tyándzū	田租	N:	rent for farm land	11
tyānfāndìfú	天翻地覆	N/FV:	chaos; everything turned upside down/become chaotic	14
tyánfù	田賦	N:	land taxes	10
tyānsyàwéigūng	天下爲公		the world is a commonwealth	20
tyáujyě	調解	FV/N:	mediate/mediation	9
tyáuywē	條約	N:	treaty	8
tyělù (M: tyáu)	鐵路(M:條)	N:	railroad	14

<h2 style="text-align:center">W</h2>

wàihwàn	外患	N:	trouble coming from outside (such as a foreign invasion)	14
wàijyāu	外交	N:	foreign affairs, diplomacy	6
wàilái	外來	AT:	foreign, come from outside	20
wánchéng	完成	FV:	accomplish	7
wáng	王	N:	king; prince; ruler	7
Wáng Ānshŕ	王安石	N:	Wang An-shih (1021–1086, prime minister and famous political reformer of the Sung Dynasty)	10
Wáng Wéi	王維	N:	Wang Wei (a poet and also a brilliant painter and musician; 701–761)	19
wǎngwǎng	往往	MA:	often	7
wánjěng	完整	SV:	be complete, whole	15
wànshŕshŕbyǎu	萬世師表	N:	the model teacher of all generations	20
wéi . . . swǒ . . . (N) (V)	爲⋯所		is . . . by . . . (V) (N)	20
wéichŕ	維持	FV:	maintain, sustain	11
wěidà	偉大	SV:	be great (such as work of literature or art, person, engineering work)	18

wèile	爲了	CV:	for (the purpose of)	6
wèile . . . chǐjyàn	爲了⋯起見		for the sake of . . .	15
wèishēng	衛生	N/SV:	hygiene, health/be sanitary	12
wéiyī	唯一	AT:	the only	20
wěiywán	委員	N:	member (of a committee or certain governmental organizations)	8
"wén shǐ bù fēn"	"文史不分"		"literature and history are hard to distinguish from each other"	17
Wén	文	N:	King Wen (文王 , father of King Wu. He was ruler of Chou, 1171–1122 B.C.)	4
wénfǎ	文法	N:	grammar	15
wéndž (M:jǔng)	文字(M:種)	N:	written language	1
wénjāng (M:pyān)	文章(M:篇)	N:	writing, composition	16
wěnjùng	穩重	SV:	be stable, moderate	17
wénrén	文人	N:	literati	19
wénsywé	文學	N:	literature	16
wényǎ	文雅	SV:	be elegant	19
wényénwén	文言文	N:	writings in the literary language	16
wǒ lái V	我來V		let me V	6
wǒmen lai V	我們來V		let us V	6
Wǔ	武	N:	King Wu (武王 , the first ruler of the Chou Dynasty. He reigned from 1122–1115 B.C.)	4
Wǔchwánsyànfǎ	五權憲法	N:	Five-power Constitution	8
wùdž	物資	N:	material	11
wùhwèi	誤會	FV/N:	misunderstand/misunderstanding	15
Wǔjīng	五經	N:	The Five Canons, The Five Classics, (The Book of Odes, 詩經 The Book of History, 書經 The Book of Changes, 易經 The Book of Rites, 礼記 The Spring and Autumn Annals 春秋)	20

wùjrwénmíng	物質文明	N:	material civilization	20
wùjyà	物價	N:	price of commodities	11
wújyākěgwēi	無家可歸	PH:	homeless	14
wúmíngshīrén	無名詩人	BF:	anonymous poet	19
wúshù . . .	無數	AT:	countless, innumerable	14
Wǔsżyùndùng	五四運動	N:	May Fourth Movement	17
Wǔwáng	武王	N:	King Wu (the first ruler of Chou Dynasty)	4
wǔyánshī	五言詩	N:	five-character verse	19

Y

Yǎjou	亞洲	PW:	Asia	2
"Yán jī wú wén, syíng jī bù ywǎn."	"言之無文, 行之不遠"		"Words without elegance cannot go far." (a saying of Confucius)	17
yǎnbyàn	演變	N/FV:	progressive change/evolve	14
yánchíngsyǎushwōr	言情小說	N:	love story	18
yáng	羊	N:	sheep	2
yǎng	養	FV:	raise, keep (animals)	1
yángé	嚴格	A/SV:	strictly/be strict	13
yánglyǒu	楊柳	N:	willow	19
yángpíng	陽平	N:	lower even tone	15
yánhǎi	沿海	AT:	coastal	2
yánje	沿着	CV:	along	4
yánjùng	嚴重	SV:	be serious, critical	9
yánsù	嚴肅	SV:	be serious, solemn	17
yāpwò	壓迫	FV/N:	oppress/oppression	14
Yǎpyànjànjēng	鴉片戰爭	N:	Opium War (A.D. 1840–1842)	5
ˈYáu	堯	N:	Yao (an ancient ruler during the golden age of Chinese history. He reigned from 2357–2255 B.C.)	4
yàu	要	A:	ought	20
ˈYáu, Shwùn, Yǔ Tāng, Wén, Wǔ, Jōugūng'	ˈ堯,舜,禹,湯,文, 武,周公'	N:	(Emperor) ˈYao, Shün, Yü, T'ang, Wen, Wu and Duke of Chou'	4

yāuchyóu	要求	N/FV: need, demand, request/ demand, request	7
yàudyǎn	要點	N: essential point	8
'yī, èr, shàng, syà'	演變 '一,二,上,下'	'one, two, up, down'	16
yǐ . . . láishwō	以…來說	as far as . . . is concerned	4
yǐ . . . wéi . . . (A) (B)	以…爲	. . . be considered . . . , (A) (B) with . . . as . . . , to take (A) (B) . . . to be . . . (A) (B)	2
yi . . . wéi běn	以…爲本	consider . . . as the basis (of)	13
"yǐ rén jř syà, wàn rén jř shàng."	"一人之下, 萬人之上"	"be under one man but above all the rest of the people (ten thousand people)"	7
yǐbāndeshwō	一般的說	A: generally speaking	11
yǐbānrén	一般人	N: people in general	5
yìchǐ	一起	A: together	14
yídài	一帶	PW: area, region	2
Yìdàlì	意大利	N: Italy	5
yídùng	移動	N/FV: moving (change of residence)/move, change residence	15
yìjyàn	意見	N: opinion	9
yílwòchyānjàng	一落千丈	FV: (lit. to drop 10,000 feet in one fall) decline rapidly	19
yǐnchǐ	引起	FV: bring out, cause (to occur)	10
yīnér	因而	MA: thereby, thus	10
yīngmǔ	英畝	N: acre	12
yǐngsyǎng	影響	N/FV: influence, effect/influence	2
Yīngyǔ	英語	N: English (language)	15
yínháng	銀行	N: bank	11
yīnpíng	陰平	N: upper even tone	15

yìnshwā	印刷	N:	printing	5
yìnsyàng	印象	N:	impression (mental)	5
yīntsž	因此	MA:	because of this	10
yǐnúnglìgwó	以農立國	PH:	to found a nation on agri-culture	10
yīnwei ... de gwānsyi	因為…的關係		because of ...	11
yīn(wei) ... ér ... 　　(A)　　　(B)	因(為)… 而		... because of ... 　　(B)　　　　　(A)	10
yǐnyùng	引用	FV:	quote	19
yīnywè	音樂	N:	music	4
yǐshàng	以上	AT:	above	1
... yǐshàng	…以上		more than, over	1
yǐshēndzwòdzé	以身作則		set up a good example one-self	6
yǐshēng	一生	N:	one's whole lifetime	17
yìshu	藝術	N:	art	16
V-yísyà	V一下		(same as reduplicated V or V yiV)	6
yǐsyà	以下	AT:	below	1
... yǐsyà	…以下		less than, below, under	1
yísyàng	一向	MA:	heretofore	15
yityān bǐ 　yityān ... SV	一天比一天…(SV)		...er day by day	4
Yìtyáubyān	一條鞭	N:	'one whip' (system)	10
yìwùláuyì	義務勞役	N:	free labor, corvée	10
yóu	由	CV:	from　　(interchangeable with 'tsúng' 從）	1
yóu ... V 　(N)	由…V 　(N)		be ... -ed by ... 　(V)　　　　(N)	10
yǒu ... kě ... 　(N)　　(V)	有…可… 　(N)　(V)		to have ... to ... , there 　　　　　(N)　　(V) are ... which (one) may 　　(N) 　... 　(V)	10
yǒuài	友愛	SV:	be affectionate (between friends or brothers)	20

yǒujr̀syu	有秩序	SV:	be in order, orderly	1
yōuměi	優美	SV:	be sublime	17
yóuyú . . .	由於		on account of . . . , arising from . . .	20
V-yú	V-於		V from, V at, V in, V on	18
Yǔ	禹	N:	Yü (the first ruler of the Hsia Dynasty. He reigned from 2205–2197 B.C.)	4
. . . yǔ (or hé, or gēn) . . . jr̄jyān	與(or和,or跟) …之間		between . . .	1
yǔlyàng	雨量	N:	rainfall, amount of rain	2
yùlyàu	預料	FV:	predict	9
yúmǐjr̀syāng	魚米之鄉	N:	land of fish and rice	2
yùn	運	FV:	transport, ship	11
yùndùng	運動	N:	campaign, movement	15
Yúngwèigāuywán	雲貴高原	PW:	the plateau of Yunnan and Kweichow provinces, Yün-kwei Plateau	3
yǔngywǎn	永遠	A:	forever	14
Yúnnán	雲南	PW:	(province of) Yunnan	3
yùnwén	韻文	N:	verse	17
yǔshǒu	語首	N:	initial (linguistic term)	15
yúshr̀	於是	MA:	thereupon, then	1
yùshr̀	御史	N:	a censor (ancient Chinese title)	7
yǔshr̀dàfū	御史大夫	N:	Chief Censor (ancient Chinese title)	7
yǔwěi	語尾	N:	final (linguistic term)	15
yǔyán (M:jǔng)	語言(M:種)	N:	language	1
yǔyánsywé	語言學	N:	linguistics	15
yǔyīn	語音	N:	syllable	15
ywàn	院	N:	yüan, department (governmental)	8
Ywáncháu	元朝	N:	Yüan Dynasty, Mongol Dynasty (A.D. 1279–1368)	5
Ywánchyǔ	元曲	N:	Yüan drama	18

ywándzé	原則	N:	principle	7
ywánláide	原來的	N:	the original, previous one	15
ywánlyàu	原料	N:	raw material	11
ywánshř	原始	AT:	be primitive	10
ywánwén	原文	N:	the original text	18
ywányǐn	原因	N:	reason	12
'ywè' dž	'月'字	N:	character 'ywè' (月 the moon)	16
ywèpǔ	樂譜	N:	setting, the music composed for a poem, psalm, etc.; musical notes; music book	19